중앙대 문창과 교강사들이 쓴
새로운 시론

중앙대 문창과 교강사들이 쓴 새로운 시론

초판 1쇄 발행일 2005. 8. 30

지은이   감태준 외 지음
펴낸곳   도서출판 동인
펴낸이   이성모
주 소   서울시 종로구 명륜동 아남주상복합빌딩 104호
전 화   (02)765-7145, 55
팩 스   (02)765-7165
HomePage www.donginbook.co.kr
E-mail   dongin60@chol.com

등록번호   제 1-1599호
ISBN   89-5506-259-1
정 가   8,000원

※ 잘못 만들어진 책은 바꾸어 드립니다.

중앙대 문창과 교강사들이 쓴
새로운 시론

감태준 外 지음

도서출판 **동인**

책머리에 ● ● ●

　이 책의 저자는 중앙대학교 문예창작학과와 대학원에서 시론과 시문학사, 시창작방법론, 현대시(인) 연구 등을 강의해온 교강사들이다. 이런 전공과목이 아닐지라도 '국어와 문학' '언어와 표현' '현대 문제작의 탐구' 등 교양과목을 맡아 가르치는 과정에서 학생들에게 종종 '시'에 대해 이야기를 해주고 있는 시인들이다. 단 한 사람 예외가 박철화 선생으로, 문학평론가로 활동하고 있다. 1953년에 개교한 이래 이 땅의 문학사를 수놓은 기라성 같은 문인들을 배출해온 '중앙대 문예창작학과'의 학풍을 지켜온 12명 필자가 『새로운 시론』이라는 이름의 책을 내기로 한 데에는 몇 가지 이유가 있다.

　21세기에 접어든 지도 여러 해가 지난 지금, 시의 위의(威儀)가 예전 같지 않은 듯하다. 문예지가 우후죽순 격으로 나오면서 우리 문단에 시인이 더욱 많이 배출되고 있지만 악화가 양화를 구축하는지 시집 판매 부수가 현저히 떨어지고 있는 중이다. 시단에 논쟁도 담론도 없어 한국 현대 시단이야말로 외화내빈이다. 시를 쓰고 있고, 또 시 창작의 방법을 학생들에게 가르치고 있는 우리가 이러한 현상을 수수방관하고 있어야 할 것인가.

시중 서점에 가보면 '시론'류의 책이 엄청나게 많이 나와 있다. 이들 책의 대다수 저자는 대학 국어국문학과 교수이거나 문학평론가이다. 즉, 창작 현장에서 학생들에게 직접 시론과 시 창작 방법론을 지도해본 적이 없는 저자의 저서가 태반이다. 이들 시론은 지나치게 이론 중심으로 기술되었기에 시를 써보고자 하는 습작기의 학생들에게는 별로 도움이 되지 않는 고답적인 내용들로 채워져 있다. 인용되고 있는 작품도 대개 일제강점기 때의 것이어서 학생들은 퍽 답답한 마음으로 그런 책을 읽어온 것이 사실이다.

이에 우리 중앙대 문예창작학과 교강사들은 21세기인 지금 이 시대에 시를 공부하고 있는 젊은 세대의 감각에 맞추어 새로운 시론을 써보기로 하였다. 애당초 중앙대학교 선도특성화 사업의 일환으로 책을 만들기로 했지만 12명 저자가 시론의 한 장씩을 맡는 배분의 과정, 원고 작성과 수거의 과정, 원고와 편집의 통일성을 꾀하는 과정, 출판사 섭외와 제작의 과정에서 많이 난제가 돌출하여 기획 후 3년의 세월이 소요되었다. 미리 원고를 주신 분들에게 죄스러울 따름이고, 연이은 독촉에도 끝내 원고를 못 주신 다섯 분께도 미안한 마음을 전한다.

이 책은 크게 두 부로 나눠져 있다. 시론이라는 이름을 붙이고 나오는 책자라면 반드시 들어가야 할 원론에 해당하는 것들, 즉 시의 언어·운율·이미지·비유·상징·반어와 역설에 대한 논의가 제1부이다. 기존의 시론 책자에 나와 있는 것과 같은 딱딱한 이론 전개가 아니라 시를 배우는 학생들과 한 강의실에서 호흡을 같이하면서 느끼고 깨달은 것이 주된 내용이라 누구라도 흥미를 갖고 읽을 수 있을 것이다.

제2부는 필자 6명이 각자 전문적인 지식과 현장에서의 강의 경험을 바탕으로 기술한 시와 상상력·신화·도시·색채·실험·광고에 대한 글

이다. 일종의 각론으로서 필자 작가의 개성이 십분 드러나 있는 글이다.

이 책은 시론과 시 창작 방법론을 겸하고 있다. 너무 큰 바람일지는 모르겠지만 시 창작 수업이 이루어지는 대학 문예창작학과와 사회교육원에서는 물론 고등학교 문예반에서도 이 책이 읽혔으면 한다. 시란 무엇인가, 시를 어떻게 쓰면 될까 하는 문제로 고민하는 분에게 이 책은 안내서의 역할을 충분히 할 것으로 믿는다.

시의 위의가 예전 같지 않다고 하여 시를 외면하고 살아갈 수는 없는 노릇이다. 그 어떤 장르도 기본은 시이기 때문이다. 시론에 대한 이해와 시적 인식이 없이 방송극과 시나리오 등을 잘 쓸 수는 없다. 이 말은 방송작가와 시나리오 작가들로부터 직접 들은 것이다. 21세기 한국 문학을 짐지고 나갈 학생들이 이 책을 하나의 징검다리로 삼기를 바라마지 않는다.

2005년 삼복더위에
필자 일동

담긴 내용 ● ● ●

1부 현대시 원론

제1장 시의 언어 . . . 15
   1. 시어와 일상어 . . . 15
   2. 신비평 그룹과 러시아 형식주의자들 . . . 17
   3. 시에 쓰이는 언어의 특징 . . . 19

제2장 시의 운율 . . . 23
   1. 운율의 요건 . . . 23
   2. 소리와 리듬 . . . 25
   3. 자유시의 리듬 . . . 28
   4. 전통적 율격과 현대시의 운율 . . . 30

제3장 시의 이미지 . . . 35
   1. 이미지의 개념 . . . 35
   2. 이미지의 기능 . . . 37
   3. 이미지의 종류 . . . 39

제4장 시의 비유 . . . 51
   1. 왜 다시 비유인가? . . . 51
   2. 비유의 개념과 성립 원리 . . . 53
   3. 비유의 종류와 표현 효과 . . . 56

제5장 시의 상징 … 73
   1. 상징의 의의 … 73
   2. 상징의 속성 … 76
   3. 상징의 종류 … 78

제6장 반어와 역설 … 85
   1. 반어의 효과 … 85
   2. 역설의 효과 … 91

2부 현대시 각론

제7장 시와 상상력 … 101
   1. 상상력에 관한 이해 … 101
   2. 상상력을 통한 시 읽기 … 102
   3. 사람의 일로 상상하기 … 103
   4. 형식에 담겨 있는 상상의 세계 … 106
   5. 리얼리즘 시의 상상력 … 109
   6. 추상을 읽어내는 상상력 … 116
   7. 상상력이 시 감상과 창작에 끼치는 영향 … 122

제8장 시와 신화 … 125
   1. 시와 신화와의 관계 … 125
   2. 신화비평과 원형이론 … 127
   3. 시에 나타난 신화적 상상력 … 130

제9장 시와 도시 … 139
   1. 파리(Paris) … 140
   2. 런던(London) … 145
   3. 京城 그리고 서울(Seoul) … 148

제10장 시와 색채 – 보들레르의 시학과 미학 ... 153
   1. 시와 비평 ... 153
   2. 색과의 만남 ... 154
   3. 보들레르의 색채 ... 157
   4. 들라크루아 ... 159
   5. 색채와 낭만주의 ... 160
   6. 색채와 초자연주의 ... 165

제11장 시와 실험 ... 173
   1. '실험'의 중요성 ... 173
   2. 자아에 대한 실험 – 이상 ... 175
   3. 진술 체계에 대한 실험 – 김수영 ... 180
   4. 대상에 대한 실험 – 김춘수 ... 185
   5. 마무리 ... 188

제12장 시와 광고 ... 191
   1. 광고는 현대의 신인가? ... 191
   2. 현실 반영과 비판 – 오규원 ... 195
   3. 광고에 휩싸여 사는 현대인 – 함민복 ... 200
   4. 여타 시인들의 광고 이용 ... 210

현대시 원론

1부

제1장 ● ● ●

시의 언어

1. 시어와 일상어

언어는 우선 인간 자신이다, 라고 정의할 수 있다. 그 까닭은 인간의 존재와 사유가 언어 없이는 불가능하기 때문이다. 즉 언어는 인간의 실재를 표현할 수 있는 유일한 증거인데, 이러한 언어 없이는 사유나 사유의 대상이 존재할 수 없기 때문이다.

> 내가 그의 이름을 불러주기 전에는
> 그는 다만
> 하나의 몸짓에 지나지 않았다.
>
> 내가 그의 이름을 불러주었을 때
> 그는 나에게로 와서
> 꽃이 되었다
> ─김춘수, 「꽃」 부분

널리 알려진 위의 시에서 알 수 있듯이, 인간이 자신이 인지할 수 없는 미지의 실재와 부딪혔을 때, 제일 먼저 하는 것은 그것을 탐색하고 그 대상에 이름을 붙이는 일이다. 그리하여 '하나의 몸짓'에 지나지 않았던 미지의 실재를 현실의 '꽃'으로 창조해내게 된다. 이름을 불러주는 행위는 대상에 대한 인식의 과정이며, 이 과정은 결국 언어를 통해서만 가능한 것이다. 어떤 사물의 존재는 결국 언어에 의해 규명된다. 이러한 인식을 좀더 확대해보면 세상을 배우는 것, 앎이라는 것이 사물의 진정한 이름을 배우는 것으로부터 시작된다는 사실도 알 수 있다.

· 일반적으로 인간은 언어를 통해 사물을 기술하고, 언어에 자신의 생각을 실어 타인에게 전달한다. 그리고 바로 이때의 언어가 바로 일상어(usual language)이다. 비트겐슈타인의 말을 따르자면, 언어는 그 사용에서 본래적 의미를 발생시킨다. 언어가 생명을 갖는다는 것은 곧 사람들 사이에서 그것이 사용되고 있을 때이며, 사람들 사이에서 사용되어 의미를 발생시킬 때 비로소 언어는 자신의 존재 가치를 획득하게 된다는 것이다.

인간은 인간이 지닌 다양한 특성들에 의해 규정되어지는데, 언어를 사용함으로써 사물을 기술하고 세계를 묘사하며, 자기를 표현하고 타인과 대화를 나눌 수 있기 때문에, '언어적 동물'로 불리기도 한다. 이는 언어가 그만큼 삶과 사유에 있어 없어서는 안 될 중요한 요소라는 뜻이며, 일부 학자들은 내용이 분명한, 말과 사물이 일치하는, 다시 말해 의미가 분명하게 전달될 수 있는 그런 언어만을 구사해야 한다고 생각하기도 하였다.

그러나 이는 '언어적 인간'의 능력을 낮게 본 과오에서 비롯된 것인데, 우리 인간은 실제 현실 생활 속에서 많이 부정확하고, 표현상으로는 비논리적 언어를 대하면서도 전혀 혼란 없이, 그것이 의미하는 바를 전혀 오해하지 않고 잘 사용하고 있다. 물론 저자와 독자, 혹은 화자와 청자 사이의 간극이나 틈새가 없는 것이 아니지만 그럼에도 불구하고 인간은 그 비가시적인, 비논리적인 의미를 파악할 수 있는 능력을 가지고 있다.

시는 일상 언어를 전제로 이루어지지만, 시어가 고정된 하나의 의미나 관습적 표현가치에 고정되지는 않는다. 시어는 오히려 일상어의 재배열을 통해 새로운 세계를 창조하고자 한다. 즉 그는 일상어를 선택해 사용하지만 일상어에 머무르지 않으며, 항상 기표적(記標的)으로 지시하는 세계를 초월해 하고자 한다. 이러한 점에서 시어는 비록 그것이 일상어라고 할지라도, 이미 일상어와는 판이하게 다른 세계를 겨냥하고 있다. 세계와의 일상적 관계를 벗어난 시어는 일상어와의는 차원이 다른 언어에로의 도약을 꿈꾸며, 시인에 의해서 비로소 언어의 도구성, 사물성으로부터 벗어날 수 있다. 일상어는 탁월한 시인에 의해 시어로, 즉 일상어와 다른 언어로 창조됨으로써 비로소 일상어의 근원적 자기도약이 가능해진다.

이러한 총체적 언어의 개념과 시의 언어는 또 다른 차이를 가지고 있는데, 멕시코의 시인 겸 이론가인 옥타비오 파스는『활과 리라』에서 시적 창조가 언어에 대한 위반에서 시작된다고 진술한 바 있다. 이 말은, 시인은 일상에서 규정된 언어와 사물간의 획일적인 연관 관계를 부정하고 언어를 원초적 상태로 복귀시킴을 의미한다. 이렇게 하고서야 비로소 시는 소통의 대상으로 변하기 때문이다. 언어의 상투적 의미 혹은 관계상의 존재적 근거를 부정하고, 다시 언어를 원시의 상태로 복귀시키는 것이 시인의 소명인 것이다. 시는 언어를 바탕으로 하여, 일상의 단어와 문법을 사용하지만 위에서 언급한 바와 같이 일상에서 규정되었던 획일적 의미와 문법을 허용하지 않는다. 시는 시 고유의 문법이 있기 때문이다. 물론 시어와 일상의 언어를 구별하는 데에는 상당한 어려움이 있다.

2. 신비평 그룹과 러시아 형식주의자들

그간 많은 학자들이 이에 대한 나름의 이론을 제시하였지만 가장 대표적인 것은 미국 신비평가 그룹이 밝힌 내용과 러시아의 형식주의자들이 제시한 내용이다. 먼저 미국의 신비평가 그룹은 시가 일상의 언어를 재료로 하고 그들의 문법에 제한을 받긴 하지만 시의 언어는 근본적으로 다의의 것이며 외연적 의미와 내연적 의미의 차이가 있다고 주장한다. 그리고 러시아 형식주의자들에 의하면 문학은 다른 발화(發話) 양식과는 달리 언어 용법을 왜곡하고 비틀어서 사용하는 '낯설게 하기'를 통해 형식에 주의를 집중시키고 내용을 새롭게 인지시킨다는 것이다. 즉 형식보다 내용이 중요한 일상의 언어 소통에서는 일반적으로 내용만 인지되면 그 형식은 버려지지만, 문학에서는 '낯설게 하기'를 통해 기계적·자동적 지각을 막고 지각을 탈자동화시킨다는 것이다.

이렇게 미국의 신비평가 그룹과 러시아 형식주의자들은 일상의 언어와 시어는 동일한 언어가 아니라 서로 다른 고유의 문법을 가진 다른 언어라는 데 의견을 일치하고 있다. 그리하여 시의 고유한 문법은 시로 하여금 일상 언어의 문법적 규칙을 위반하게 하고 시를 일상적인 언어로 읽으려고 할 때에는 의미가 통하지 않는 비문법적인 언어로 만들어 놓는다고 결론짓는다.

즉, 우리가 생활에서 쓰는 일상 언어는 시의 바탕이 되지만 시는 아니다. 그리고 특히 시적 표현이라고 불리는 부분들에 있어서도 시와 시적 표현을 명확히 구분되어야 할 필요가 크다. 시는 언어를 초월하려는 시도이지만 시적 표현이라고 불리는 것들은 일상적 언어 표현과 동일한 수준의 것이며, 시적 표현이 창조물인 반면 시적 표현은 사람들에 의해 많이 회자되면 갈고 다듬어진 순환운동의 결과이다. 또 일상 언어와 시는 근본적으로 독해의 방식도 다르다. 즉 시는 앞서 언급한 바와 같이 고유의 문법을 가지고 있으며, 지시적인 의미가 아니라 간접화된 의미들끼리 결합하여 하나의 등가적 질서를 갖도록 구성된 폐쇄적 통일성의 언어이다. 시 텍스트에서 하나의 단어나 문장은 독립적인 의미를 갖지 못하고 다른 단어, 문장, 텍스트 전체와의 연관 관계를 통해서만 그 기능적 의미를 부여받을 수 있다. 따라서 시는 부분 부분을 통해 사물이나 세계를 보여주는 것이 아니라 텍스트 전체를 통해서 어떤 것을 대신한다. 그러나 일상의 언어는 지시적 의미에 따라 계기적(繼起的)인 사슬을 통해 읽어나가도록 구성되어 있다.

3. 시에 쓰이는 언어의 특징

아버지는 바람에 묻혀
날로 조그맣게 멀어져 가고, 멀어져 가는 아버지를 따라
우리는 온몸에 날개를 달고
날개 끝에 무거운 이별을 달고
어디론가 가고 있었다

환한 달빛 속
첫눈이 와서 하얗게 누워 있는 들판을 가로질러
내 마음의 한가운데
아직 누구도 날아가지 않은 하늘을 가로질러
우리는 어느새
먹물 속을 날고 있었다.

"조심해라, 애야"
앞서 가던 아버지가 먼저 발을 헛디뎠다
발 헛디딘 자리,
서울이었다.

― 김태준, 「철새」 부분

위의 시는 철새 가족들이 어둡고 고단한 삶의 자리인 서울로 삶의 터전을 옮기는 내용을 그리고 있다. 그러나 이 시가 전달하고자 하는 것은 실제적인 의미는 철새 가족에 비유되는 일가의 삶이다. 겨울이 다가오면 가진 것 없는 이들은 조금이라도 더 따뜻한 곳을 찾아 옮기는 철새와 같은 삶의 궤적을 밟게 되는데, 가진 것이라고는 날개 하나밖에 없는 철새 가족에게 겨울은 혹독한 시련이며 고통일 뿐이다. '먹물'로 비유되는 어둡고 절망적인 현실의 겨울 하늘을 날아 겨우 도착한 곳은 오히려 더욱 어둡고 고달픈 삶이 예정된 서울이다. 지상에 삶의 뿌리를 내려야 하는 인간이 오히려 철새와 같이 부유하는 삶을 산다는 아이러니는 이 시의 맥

락을 전체적으로 부정하고 있다. "아직 누구도 날아가지 않은 하늘을 가로질러/우리는 어느새/먹물 속을 날고 있다"고 하면서. 그 누구도 미처 날아보지 않은 겨울 하늘을 나는 철새는, 도전 정신과 투지가 가득한 모험가가 개척가의 그것이 아니라 무한한 두려움과 근심과 막막함으로 점철되어 있다. 철새의 삶의 생태가 인간의 삶의 모습으로 치환되면서 그것은 생태나 생리의 문제가 아닌 사회적 구조의 문제로 바뀐다. 이러한 독해의 과정에서 우리는 이 시에 사용된 모든 단어와 문장, 텍스트들이 원래의 기능이었던 지시적 의미를 상실하고, 시 고유의 문법에 의해 재구성됨을 살필 수 있다.

그러나 이러한 사정을 십분 헤아려 시를 읽는 처음부터 시를 복선적으로 해석하려고 해서는 안 된다. 일상 언어의 지시적 기능에 의해 표현과 내용 사이의 관계가 1 : 1 대응관계를 전제로 하지만 시어는 이러한 1 : 1 대응을 거부한다. 시어는 비록 그 표현이 하나의 기호에 불과하지만, 그가 의미하는 내용은 두 개 이상의 많은 내용을 포함하는 특수 언어이며, 잠재된 개념들의 질서적 통합을 통해 나름의 구조적 세계를 구축하게 된다. 따라서 지시적 관점만을 고집하여 해독하는 텍스트는 불완전하며 재코드화된 의미망을 재구성함으로써 텍스트에 대한 올바른 접근이 가능하다. 시의 언어가 복선적이라는 것을 전제로 처음부터 임의로 단어나 문장의 의미들을 추론하여 해석하려는 태도는 오히려 시를 읽는 데 장애가 될 수 있다. 따라서 시를 읽는 첫 단계에서는 지시적 의미를 파악하는 해독에서 시작하여 이후 그 지시적 의미망이 현실의 구체적 의미망에서 잡히지 않을 때 이전의 사전 작업을 통해 축적된 의미를 통해 새롭게 복선적인 의미를 추적하는 것이 시를 읽는 올바른 방법이라 할 수 있겠다. 시가 시 나름의 특수한 기법들을 사용하긴 하지만, 그 바탕은 일상 언어와 그 언어들의 결합규칙에 의존하고 있기 때문에 1차적 의미 해석이 중요하다.

『시의 기호학』의 저자인 미카엘 리파테르는 시를 읽는 데 있어서 2단계의 해독 과정을 제시하였다. 그에 따르면 먼저 언어 능력과 문학 능력이 동원되는 1차 독서에서는 언어 능력을 통해 지시적인 뜻을 이해하고 비문법성과 마주칠 때는 그것이 간접적인 의미로 사용되었다는 것을 인식하며 문학 능력을 통해 텍스트를 해독해 나가야 한다는 것이다. 이러한 방법을 통해 시가 지닌 지시적 의미가 충분히 이해되고 극복된다고 말한다. 더불어 2단계 독서는 일종의 소급적 단계로, 텍스트를 읽어나가는 동안 현재 읽은 것과 관련해서 앞의 것을 기억해내고 소급해서 그것에 대한 이해를 수정하는 것이다. 즉 2차 독서를 통해 처음에 비문법성으로 지각된 것들이 실제로는 일정한 등가이며 하나의 구조적 변주로서 일련의 관계들을 통한 의미 생성에 이용되고 있음을 파악하게 된다. 이러한 2차 독서는 텍스트의 직선적인 판독의 부자연스러움을 극복하고 텍스트의 복선적인 또 다른 문법을 확립하게 해준다고 미카엘 리파테르는 지적한다.

　시와 산문의 차이를 살펴보아도 시의 언어와 일상 언어의 구별 범주에서 그리 벗어나지는 못한다. 비록 오늘날 시는 영화나 다른 엔터테인먼트 산업에 밀려 일반인들의 관심에서 조금 벗어나 있다. 그러나 인류 문명의 역사를 살펴본 사람이라면 인간의 문화에서 시가 항상 그 중심이 되어 왔다는 사실을 잘 알고 있을 것이다. 어떤 원시 종족이든 그 종족 나름의 시적인 표현 형식을 가지지 있으며, 오지의 원주민들 역시 시적인 주술과 발라드를 사용했음이 밝혀져 있다. 특히 시는 오락의 수단과 종교적인 믿음, 도덕적인 원칙과 같은 중요한 감정과 생각을 표현하는 수단으로서 사용되어 왔는데, 이러한 예를 구약성경에 나와 있는 예언서나 시편, 힌두교의 경전, 그리고 그리스와 로마의 서사시, 서정시, 극시 등을 통해서 잘 알 수 있다. 동양의 중국과 한국, 일본 등에서 시는 전통적으로 교육과 도덕, 정치에서 매주 중요한 위치를 차지해왔다. 그런데 왜 시가 산문보다 어려운 것일까. 물론 시는 감정을 표현하고 정서를 불러일으키며 상상력에 의존하는 특징을 가지며, 산문은 정보를 전달하고 지성에 의존하는 특징을 가지지만, 근본적으로 각 장르에서 사용되는 언어가 갖는 특수성 때문이다.

산문은 원래 정보나 사실 전달을 목적으로 하기 때문에 감정과 밀접하지 않다. 그러나 일반적으로 시는 정보가 아니라 체험한 경험을 소재로 다루기 때문에 두 부분은 발화의 각도에서부터 서로 차이를 지닌다. 수용자의 입장에서 산문은 그것이 포함하고 있는 정보를 취득하면 그 목적을 이루지만, 시의 경우 그것이 순전히 정서적 측면만이 강조된 것이 아니라 논리적 사유의 능력, 추론의 능력 등, 지성인으로서의 많은 재능을 필요로 한다. 따라서 좋은 시는 훌륭한 산문보다 더욱 합리적인 사고를 필요로 하며 우리의 정서와 인지능력을 더욱 자극한다.

더불어 정서적 의존과 상상력을 특징으로 한 시와 산문의 구별은 특히 감정 표현의 목적이라는 점에서 부각된다. 시는 이러한 자신의 태생적 목적을 전략적으로 완성하기 위해 직유와 은유와 같은 특별한 수사법을 화려하게 구사할 수 있으며, 강렬한 느낌을 표현하기 때문에 매우 율동적이다.

위의 내용들을 정리해보자면 우선 시의 언어는 일상 언어를 바탕으로 성립되지만 일상 언어가 언어의 지시적 의미를 중시하는 데 반해 시어는 함축적 의미를 중시하고 반복되는 소리의 질서, 즉 운율과 상징적 표현을 이용한 다양한 의미를 생성할 수 있는 기능적 측면에서 그 차이를 보인다. 또한 시의 언어는 일상 언어가 대상을 정확하기 지시하기 위한 기능에 치중하는 것과는 달리 어떤 정서적 효과를 불러일으키기 위해 사용되며, 2차적 해독을 요구하게 된다. 더불어 시의 언어는 압축과 생략을 그 특징적 요소로 활용함으로써, 많은 부분에 대한 독자의 적극적인 참여를 유도 혹은 요구한다. 이러한 적극적 해독 활동을 통해 시어는 재코드화되어 독자적 구조와 고유의 문법을 갖추게 되고, 독자는 이러한 과정에서 자신의 삶과 가치관을 작품에 투영할 수 있게 된다. 따라서 시어는 단순히 일상 언어를 아름답게 미화하는 지적 유희의 매개가 아니며 자아와 우주에 대한 이해의 계기를 마련해주는 성찰의 매개가 된다.

■ 감태준

제2장 ● ● ●

시의 운율

1. 운율의 요건

　흔히 시는 언어예술이라고 말하는데, 이때 시의 표현매체인 언어는 내용에 해당하는 '의미'와 형식에 해당하는 '소리'의 결합체라고 할 수 있다. 주지의 사실처럼 의미와 소리는 불가분의 관계를 지닌 요소로서, 언어는 그 특성상 의미의 기호이자 동시에 소리의 기호라는 양면성을 갖는다.
　휴대폰의 문자 메시지와 인터넷의 채팅 문화가 나날이 발전하는 현대생활에서는 언어의 이러한 양면성 중에서 소리의 측면은 거의 고려되지 않는다. '하하'라는 웃음 대신에 이모티콘을 이용한 비주얼이 강조되기 때문이다. 이는 양면성을 지닌 언어가 소리보다는 의미의 기호로서 자주 사용되는 실상을 단면적으로 보여주는 대목이다. 따라서 이렇게 의미와 소리가 하나로 어우러져야만 완전한 언어가 되는 만큼 이러한 생활의 언어사용은 불완전한 사용법이라 하지 않을 수 없다.
　특히 언어의식이 가장 날카로운 최전방의 장르인 시는 언어를 그처럼 불완전하게 사용하는 것을 용납하지 않는다. 물론 포스트모더니즘 계열의 시들은 예외가 될 수가 있겠으나 전통적인 시의 장르에서는 의미와 소리 이 두 가지 요소 모두를 최대한의 효과를 발휘할 수 있도록 하려는 것이 언어 사용에 대한 기본적 태도이다. 이러한 관점에서 볼 때 시는 의미뿐 아니라 소리를 예술적으로 조직한 구조물이라고 규정될 수 있다.

물론 소리를 잘 조직하여 일정한 예술적 성과를 거두고 있는 제작물은 음악이다. 그렇기 때문에 시의 경우는 언어의 소리의 측면이 빚어내는 효과를 음악성이라고 하고, 인간의 여러 가지 언어 행위 중에서 이 음악성을 의도적으로 추구하고 장르적 특성으로 삼고 있는 것이 바로 시이다.

우선 언어의 리듬 혹은 운율은 기본적으로 소리(음성)와 반복성, 그리고 규칙성이라는 요건을 갖추어야 한다. 물론 앞서 이야기한 바와 같이 산문시나 포스트모더니즘 계열의 작품에서 이러한 소리로 이루어진 형상성은 절대적인 요소가 아니지만, 일반적으로 이러한 형상성은 반복성과 규칙성에 의해 표현되고 인식된다. 그러므로 시와 같은 음성 구조를 가진 표현이 거듭 나타날 때, 듣는 이는 이 지점에서 음악적인 효과를 느끼게 되고, 우리는 이를 리듬이라고 설명한다.

시의 음악성을 구현하는 방식은 다양하지만 그것들을 통틀어 리듬(rhythm), 혹은 운율(韻律)이라고 한다. 시의 리듬이 언어의 음성적 소리를 기본 전제로 한다는 사실과 더불어 산문 역시 소리라는 요소를 거의 고려하지 않고 언어를 사용하지만 소리를 가지고 있음은 반드시 주의해야 할 것이다. 즉 시가 아닌 산문도 결과적으로는 리듬을 만드는 소리의 한 구조물인 것이다. 따라서 리듬을 기준으로 할 때 시와 산문 사이에는 절대적인 차이가 존재하지 않는 대신 다만 정도의 차이가 있을 뿐이다. 그러나 이 지점에서 짚고 넘어가야 할 부분은 시가 어떤 의미에서 의도적으로 리듬을 추구하느냐는 문제이다. 이는 시의 장르적 태생과 깊은 관계를 맺고 있는데, 문학의 기원을 민요무용에서 찾는 것이 문학계의 정설이다. 즉 원시인들의 자연발생적인 집단무용에서 노래의 가사가 분화되어 문학을 이루게 되었다는 이론이 흔히 말하는 민요무용설인데, 이때의 춤을 영어로 발라드 댄스(ballad dance)라 한다.

이 민요무용설이 문학의 원형이라고 규정하는 노래의 가사는 그 자체가 이미 시이다. 그렇기 때문에 시는 또 문학의 원형이라는 논리가 성립하게 되고, 시가 노래, 즉 음악의 본질적 속성인 리듬을 갖는 것은 당연한 귀결이다.

그러나 이러한 논리에 지나치게 집착하면 시는 음악에 종속되고 만다. 여기서 바로잡아야 할 것은 시와 음악의 관계가 매우 밀접하기는 하지만 이것들은 서로 종속관계에 놓여 있는 것이 아니라 서로 침범할 수 없는 독자적 영역과 특성을 가지고 있다는 점이다. 앞서 예를 든 것처럼 현대에 올수록 시는 고대의 상형문자처럼 의미적 요소가 강화되고 오히려 음악과의 거리를 멀리하고 있다. 근대 이후 현대시의 중요한 특성은 바로 '노래하는 시로부터 생각하는 시로의 전환'으로 규정되고 있기도 하다. 그러나 역시 현대시에 있어서도 리듬은 여전히 시의 장르적 특성으로 되어 있다. 그 까닭은 시라는 문학 예술이 여전히 인간의 감정 표현을 주종으로 하는 문학 양식이기 때문이다. 비록 동일한 대상이라 할지라도 그에 대한 감정 반응의 내용은 사람마다 다르며 이러한 개인적 편차는 곧 감정의 본질적 속성이다. 따라서 사람은 이러한 감정을 언어로써 표현하게 되는데, 이때 언어가 단순히 의미의 기호로만 기능한다면 그 표현은 불가능하다. 왜냐하면 그러한 언어적 지시의 의미는 인간의 개별성을 고려하지 않은 일반적 개념이기 때문이다. 따라서 의미의 기호만으로는 인간의 개별성을 바탕으로 하는 감정 표현의 적절한 수단이 될 수 없는 것이다.

2. 소리와 리듬

그러나 의미의 기호인 언어도 소리를 통해 실현되면 사정이 달라진다. 소리는 언어를 의미의 기호로 기능하게 하면서도 또 거기에 말하는 사람의 감정까지 복합적으로 첨가한다. 높은 음과 낮은 음, 긴 소리와 짧은 소리, 거친 음과 부드러운 음 등 언어는 다양한 소리를 가질 수 있는데, 이때 어떤 종류의 소리를 선택하느냐는 말하는 사람의 감정 상태에 달려 있는 문제이다. 똑같은 말이라 할지라도 화가 날 때의 말은 거친 소리로 발음되고, 기분이 좋은 때의 말은 부드러운 소리로 발음되는 경험은 누구나 쉽게 해봤을 것이다. 우리가 일상적 언어생활에서 경험하고 있는 이러한 사실은 언어를 통한 감정 표현의 실상을 생생하게 알려주고 있다. 이러한 측면에서 접근해보자면 의미가 아닌 소리는 인간의 감정 표현을 가능케 하는 언어의 핵심적 요건이라고 할 수 있겠다. 그러므로 감정 표현에 주안을 두고 있는 시도 필연적으로 언어의 그 소리에 대해 특별한 관심을 갖지 않을 수 없는 것이며, 시가 의도적으로 리듬을 추구하는 근본적인 이유는 여기에 있다.

리듬이란 단순히 음악이나 시에만 국한되지 않고, 무엇이든 규칙적으로 반복되는 현상에 대해 두루 적용될 수 있는 폭넓은 개념이다. 이를테면 계절의 변화나 낮과 밤의 교체, 또 일정한 간격을 두고 반복되는 인간의 호흡도 리듬의 예가 된다. 따라서 시의 리듬 역시 기본적으로는 소리의 규칙적 반복이라는 조건을 전제하게 된다.

그러나 리듬은 우리가 쉽게 착각하는 것처럼 오직 소리에 의해서만 만들어지지는 않는다. 리듬은 언어의 소리뿐만 아니라 그 소리의 휴지(休止)와 언어의 의미에까지 관련되어 있다. 즉 시의 행 가름이나 분절(分節), 구두점의 종류와 그 유무, 그리고 심지어는 문자가 주는 시각적 효과의 차이까지도 리듬과 불가분의 관계에 있다. 따라서 의미도 어떤 규칙성을 고려해서 배열되면 그 나름의 리듬을 만들어내게 된다. 그 쉬운 예가 한시(漢詩)에서 흔히 보는 대구(對句)인데, 대구는 의미의 규칙적 배열로서 이러한 배열은 잘 살펴보면 결국 리듬의 일종인 것이다. 그리고 앞서 언급한 것처럼 언어의 양면성으로 인해 소리의 배열 방식은 의미에 있어서도 그에 상응하는 변화를 일으키게 한다. 다음의 예를 살펴보자.

A) 처마 밑에서 빗방울이 뚝뚝 떨어진다

B) 처마 밑에서 빗방울이
　 뚝 뚝 떨어진다

C) 처마 밑에서 빗방울이
　 뚝
　 뚝
　 떨어진다

　소리를 내어 위의 문장을 읽어보면 각각 A)와 B), C)의 느낌이 다름을 알 수 있을 것이다. A)의 경우 행 가름을 하지 않음으로 정보 전달의 의도가 강하게 느껴지지만, B)의 경우 나름의 운율적 효과를 엿볼 수 있다. 그리고 C)의 경우 현격한 운율적 효과뿐만이 아니라 가시적 효과도 강조되는 전략적 방식이라고 할 수 있겠다. 바로 이러한 강조의 효과는 소리의 배열 방식에 따르는 의미의 변화를 말해준다. 사실 시가 언어의 소리만을 가지고 음악성을 추구하여 아무리 훌륭한 성과를 거둔다고 해도 음악 그 자체와는 도저히 경쟁을 할 수 없다. 이는 계란으로 바위 치기와 다르지 않을 것이다. 그러나 시에서는 소리가 의미를 거느리고 있고, 또 소리는 그 의미를 미묘하게 변화시킨다. 그리하여 시를 음악 이상의 음악이 될 수 있게 한다.
　시에 정형시와 자유시가 있다는 것은 구태여 지적할 나위가 없다. 흔히 정형시의 리듬은 밖으로 노출되고 자유시의 리듬은 시속에 감추어져 있다고 정의한다. 그래서 전자를 외형률이라 하고 후자를 내재율이라 하는 것도 역시 상식이다. 그러나 외형률이든 내재율이든 리듬은 모두 리듬이기 때문에 정형시만이 그것을 독점할 수는 없으며, 현실적으로 현대시의 압도적 다수는 그 리듬이 내재율로 되어 있는 자유시이다.

3. 자유시의 리듬

자유시는 역사가 그다지 오래 되지 않는다. 서구의 경우는 19세기 말부터 자유시가 나타났으며, 우리의 경우에는 신문학 초창기인 1910년대부터 등장하고 있다. 자유시가 등장하기 이전의 시는 동서를 막론하고 정형시였다. 정형시의 미리 정해져 있는 리듬의 틀, 즉 언어 배열의 규칙은 인간의 개성적 편차와 그에 따른 사상 감정의 다양성을 자유롭게 표현하기 어렵게 만드는 제약 조건이었다. 따라서 자유시의 출현은 그러한 제약 조건을 타파한 결과라 할 수 있으며, 그 원동력이 된 것은 근대 정신의 기반인 개성에 대한 자각이다. 근대 정신이란 인간의 개별성에 대한 자각이라 할 수 있는데, 각자의 개성의 차이가 존중되지 않는 곳에는 자유가 있을 수 없기에 자유시는 인간의 개별성을 대전제로 해서 자유를 추구하는 근대 정신의 소산인 것이다. 자유시의 리듬, 즉 내재율은 시인마다 다르고 작품마다 다르다는 결과를 낳게 된다. 즉 자유시의 리듬은 그 하나하나가 그 작품에만 어울리는 독자성을 지니고 있어, 절대적인 규칙이 될 수 없는 리듬이다. 자유시의 그 리듬의 자유에는 수많은 정도의 차이가 있다.

한편 전통적 리듬을 근본적으로 지양하는 것이 현대 자유시의 리듬이라는 생각은 바람직하지 않다. 전통적 리듬, 즉 전통적 운율은 한국의 언어미가 창조해낸 가장 아름다운 관습적 산물이기 때문이다. 그것은 한국 사회 언중(言衆)들의 심미적 공감을 밑바탕으로 하여 오랜 세월 동안 갈고 닦아 서로 함께 보존해온 리듬의 양상이다. 앞에서 시는 언어에 음악적 효과를 부여함으로써 작품의 의미가 살아나는 것이라고 지적한 바 있다. 이때 시의 리듬은 장르상의 구분을 할 만큼 중요한 기능을 한다. 그러나 자유시라고 해서 고대로부터 축적되어 형성된 전통 운율의 아름다움을 배척하는 것이 아니라, 자유시가 이러한 잠재적 운율을 포용하여 현대시에서 창조적으로 변용할 수 있을 때 운율적 공감을 얻을 수 있는 것이다.

운율에 대한 이러한 자각은 우리 시문학의 전통을 논의하는 중요한 요소로 등장하게 된다. 처음 운율에 대한 연구는 자수율론으로부터 출발했는데, 이는 율격을 형성하는 기저자질을 음절로 보고, 음절수로서 그 율격적 정형성을 찾으려 한 노력이었으며, 이후 운율의 기층 단위는 음절이 아니라 음보이며, 강음절과 약음절의 대립에 의해 음보가 형성된다는 강약율을 제시되었다.

우리 시가의 전통적 운율은 음량만이 결정요건이 되는 단순율격인데, 같은 부류에 속하면서도 음절수가 기본단위가 되는 프랑스 시나 일본 시와는 달리 음보율, 즉 음보가 기본단위 율격이다. 이때 우리 시를 이해함에 있어서 음보라는 용어의 채택은 강약이나 장단보다 어절과 관련되는 음악적 인식 단위로서 사용되고 있으며, 음운적 자질, 통사적 분단, 율격적 분절이 뚜렷한 경계지표를 가지는 호흡상(breath group)의 실체적 단위이다. 이는 단순한 강약이나 고저, 음수, 장단의 어느 한 가지로 규정지을 수 없는 대상을 지칭하는 것으로 관습화되고 있다. 따라서 음보 안의 질서를 파악한다는 것은 음보의 설정만큼 모호하다. 대체로 통사론적 단위인 어절의 구분에 따르고 있으나, 하나의 음보 안에 있는 음절의 수는 일정하지 않다. 3음절과 4음절로 되어 있다는 것은 음보의 구성 자질이 아니라, 2·3음절을 대부분으로 하는 한국어의 어휘적 특성에 조사의 첨가나 어미 활용에 의해 어절 내의 음절수가 3·4음절로 되는 것이다.

몇 개의 음절이 모여서 하나의 덩어리 즉 음보가 되고, 그 음보가 몇 개 모여서 하나의 시행을 이루는데 세 개의 음보가 모여 한 행을 이루는 것이 3음보 율격이고, 4개가 모여서 되는 것이 4음보 율격이다. 고려시대에는 3음보 율격이 조선시대에는 4음보 율격이 각각 지배적인 문화적 전형이었다. 3음보 율격이나 4음보 율격이나 모두 다 우리 민요의 율격인데, 이것들의 특징적 차이를 든다면 3음보 율격은 다분히 선율적이고 여운이 풍부한 특징을 가진 데 비해 4음보 율격은 체계적이고 질서 있는 음영적인 율격이다. 그래서 감정의 풍부한 표현에 특히 효과적인 것이 3음보 율격이고 노동요를 비롯해서 많은 수의 소박하고 안정감 있는 민요에서는 4음보 율격이 압도적이다.

운율의 문제를 좀더 심화시키고 발전시키기 위해서는 우리 언어의 운율적인 바탕과 시가의 운율적 전통에 대한 부단한 관심과 아울러 그것을 새로운 시적 질서로 만들기 위한 노력이 있어야 할 것이다.

4. 전통적 율격과 현대시의 운율

전통적 율격의 기본구조에 대해 살펴보자면 무엇보다 민요에서 찾을 수 있다. 향가・고려속요・경기체가・시조・가사・판소리 등의 율격은 민요에서 존재하는 율격의 창작적 응용이라고 할 수 있으며, 민요는 이들 장르가 지닌 여러 율격적 규칙의 기본 형태를 두루 갖추고 있으므로 민요의 율격을 알아볼 필요가 있다.

우선 하나의 '완성된 율격'이라는 것은 어느 개인의 창작에 의한 것이 아니고 민족 문화의 소산이라는 성격을 지닌다. 과거 우리나라의 3음보 시나 4음보 시에 있어서도 그 작자 자신들은 율격을 이론적으로 이해하고 있었을 리는 없다. 다만 우리말의 내재적 가락에 알맞게 읽기 좋고 듣기 좋도록 하다 보니까 결과적으로 그와 같은 3음보 혹은 4음보의 율격이 정착되었던 것이다. 이는 한국 시 전통의 특성을 따져서 생각할 때 전통이라는 물줄기가 땅 밑을 스며 흐르다가 어느 단계에 가서는 다시 본모습을 드러내는 것 같은 양상을 보이는 것이다. 즉 조선조 말의 3행 4음보 시조와, 4・4조 2음보 후기 가사는 그 뒤의 근대시에 연결되는 공통점을 가지고 있다. 이러한 전통적 율격은 우리 민요의 모습에서 다시 살펴볼 수 있는데, 민요가 곧 시인 것은 아니지만 어떤 시대에는 민요가 시로 형성·정착되는 경우도 있었다. 그것은 고려속요이다. 그리고 고려속요에서 「가시리」, 「滿殿春」, 「청산별곡」을 비롯하여 여러 속요 작품이 우리 민요의 음보율격을 보여준다. 그 뒤 조선시대의 시조나 가사에서는 3음보 율격이 별로 보이지 않다가 오늘날까지 이어져온 민요 속에 다시 3음보의 율격이 흐르고 있음을 엿볼 수 있다. 물론 「옹헤야」와 같은 1음보에서부터 6음보까지 있기는 하지만 「아리랑」, 「도라지타령」, 「석탄 백탄 타는데」같이 지배적으로 불리는 민요는 3음보이다.

본래 시에서 리듬이나 형식은 매우 강하게 관습적인 면을 가진다. 시가의 형식과 율격은 단순하게 생각하면 작가 자신의 기호와 선택에 관계된 것으로 보기 쉽지만, 사실은 작가 개인에 관계되는 것이 아니라 시대적 역사적 소산의 하나이며 그 고찰이 통시적일 때에만 타당성을 얻을 수 있는 것이다. 이 관습적인 율격은 현대시의 리듬을 형성하는 데에 중요한 영향을 미친다.

한편 우리 시가의 운율 논의에서 '민요조'라고 불리는 7·5조에 대해서도 음수율 차원에서 문제가 제기되고 있다. 이 7·5조는 개화기 이후 일본의 하이쿠[俳句]가 수용되면서 정착하게 된 음수율이다. 따라서 이 율격은 민요조와는 거리가 있으나 이 음수율이 근대 이후의 시사에서 하나의 새로운 전통으로 작용할 수 있는 운율로 자리를 잡았다는 점은 인정해야 할 것이다. 더구나 이 음수 역시 3·4·5 또는 3·4·2·3 등과 같이 나뉠 수 있는 것으로, 전통 운율의 한 변형이라는 견해도 있다.

즉 7·5조의 전통성에 대해서 부정할 수가 없다는 것인데, 7·5조가 우리 시가의 전통 계승이라는 점에서는 여러 가지 고려해야 할 문제가 있다. 즉 민요의 운율적 자질을 계승한 것이 아니라 일본의 음수율을 도입했음에도 불구하고, 20년대 우리 근대시에서부터 우리 시가의 운율로 자리를 잡았으며, 이런 운율의 특성은 새로운 시사의 전통으로 작용했다는 점이다. 그래서 우리 근·현대시에서는 7.5조가 우리 민족의 정서를 표현하는 중요한 외적 형태로 자리를 잡게 되었고, 김소월과 김억, 김영

랑과 '청록파', 신경림 등이 이런 운율의 새로운 전통을 정립하였다고 할 수 있겠다.

 그러나 이러한 율격의 규칙성이 시조의 경우처럼 미리 정해진 일반화된 형식의 틀을 그대로 답습한 것이 아니라는 사실을 기억할 필요가 있다. 비록 규칙적인 율격을 추구하고 있다고 하더라도 그것은 결코 일반화될 수 없는 이 시만의 독자적 규칙이요, 따라서 이 시는 자유시인 것이다. 다만 그 자유의 폭이 다른 자유시에 비해 상대적으로 좁다는 사실은 부인할 수 없다.

> 아버지 돌아가신 뒤
> 몇 해 동안 시 한 줄 쓰지 못했더니
> 모처럼 단잠 든 지난밤 꿈속에서
> 누가 쓴 것인지, 서럽고 아프고 황홀한 시들이
> 내 입술을 열고 노래처럼 흘러나왔습니다
> 그 시들에 취해 오랫동안
> 눈물 훔쳤습니다
>
> 아침에 깨어나니
> 제목도 내용도 아무것도 생각나지 않았지만
> 그 여운이 안타깝게
> 귓전을 맴돌아서
> 멀리 가지도 못하고 아파트 창가에서
> 담배만 태우는데
>
>   ─전동균, 「첫눈」 부분

 이 시에는 압운은 물론 이렇다 내세울 율격은 없다. 우리가 일반적으로 읽을 수 있는 평범한 현대시의 한 예이다. 그러나 이 시를 신문의 기사처럼, 혹은 가벼운 산문처럼 그렇게 읽을 수는 없다. 시인이 의도한 행 가름과 연 구분에 맞춰 호흡을 조절해 가면서 읽어야 시를 읽는 맛을 제대로 읽을 수 있을 것이다. 그래야만 시인이 의도한 어떤 리듬을 감득할 수 있기 때문이다. 만약에 이 시를 산문처럼 그냥 줄글로 읽거나 행 가름을 멋대로 바꾸어 '아버지 돌아가신 뒤 몇 해 동안 시 한/줄 쓰지 못했더니 모처럼 단잠/든 지난밤 꿈속에서 누가/쓴 것인지'와 같이 읽는다면 시인의 의도를 따라 읽었을 때와 확연하게 다른, 무미건조하고 답답한 느낌을 받았을 것이다. 이렇게 대부분의 자유시는 산문투일지라도 이러한 리듬을 지니고 있다. 밖으로 드러나지 않고 시 속에 감추어져 있다 해서 내재율이라고 부르는 이러한 리듬은 그 시만의 몫이기 때문에 앞에서 말한 대로 일반화될 수 없다.

>   타오르던 태양도 지쳐서 쉬려 한다.
>   그대 안식하게 될 곳이 있는지 없는지
>   세상은 지금 악의 무리가 승승장구, 피가
>   마르고 있다. 아주 많은 피가
>   필요하다…… 수혈할 피가.
>   ─이승하, 「밤 기다리기」 부분

이 시의 경우에는 시인이 의도한 행 가름 대로 읽으면 어떤 저항감을 느끼게 된다. 그것은 인용문의 3행과 4행에서 하나의 문장이 형식적이든 내용적이든 마무리가 되지 않고 행을 나누어 얹혀져 있기 때문이다. 즉 '피가 마르고 있다'라는 형식적 의미적 완결이 이루어져야 하는데, 시인은 오히려 의미적 강조를 위해 정상적인 구문을 변형시켜 놓은 것에 대한 저항으로, 읽기의 흐름이 완만하지는 않다. 그렇다면 이 시는 리듬을 고려하기는커녕 오히려 그것을 파괴한 것이 아니냐는 의문을 가질 수 있다. 하지만 실제로 이 시에서 보여주는 구문의 왜곡은 리듬을 파괴하려는 의도에서 나온 것인 동시에 리듬의 파괴를 통한 의미의 환기 혹은 강조에 대한 전략으로 읽어야 할 것이다. 또한 이런 형식의 리듬의 파괴를 리듬의 부재(不在)라고 보아서도 안 된다. 현대의 전위 음악들이 협화음의 쾌적한 조화보다도 대담한 불협화음을 선호하는 것이 이미 하나의 경향으로 자리를 잡고 있다. 이렇듯 시에 있어서도 정상적인 구문을 왜곡함으로써 리듬을 파괴하는 변형적 운율도 전위음악에서 사용되는 무조적(無調的) 방법이라고 말할 수 있겠다. 이는 선행하는 여타 자유시의 리듬을 거부하고 새로운 리듬을 찾아보려는 실험적 노력의 한 표현이다. 자유시는 이처럼 새로운 리듬을 찾으려는 노력을 끊임없이 계속하면서 존립할 것이다.

■ 김병호

제3장 ● ● ●

시의 이미지

1. 이미지의 개념

시에 있어서 '이미지(心象)'란 언어를 통해 표현된 사물의 감각적 형상이나 그와 관련되는 추상적인 관념들을 말한다. 즉 시적 언어를 통해 어떤 형상이 마음속에 그려질 수 있으며, 나아가 그 형상과 관련된 여러 가지 관념이 함께 연상될 수도 있다. 이러한 구체적 형상 또는 그와 관련된 추상적 관념들이 바로 시에서 '이미지'라고 불리는 것이다.

신비평가들은 이미지를 '정신적인 재현, 즉 시각적인 것만이 아닌, 과거의 감각적이거나 인식적인 체험에 대한 기억'으로 규정하고, 이러한 감각적 인식적 언어 표현들을 다시 보여주는 것(re-presentation)이라 하고 있다.

하지만 바슐라르는 이미지를 표현하기 힘든 인상이나 대상의 단순한 구체적 재현이 아니라 새로운 존재를 생성시키는 상상력의 산물임을 강조하고 있다. 시는 여러 이미지의 상호 결합 상태로서 한 작품의 구조를 지배하는 복합적인 상태로 나타나게 되는데 즉, 감각적 성질을 지니고 있는 상상력의 발현 상태이며, 생명적인 유기체라 할 수 있는 것이다.

곧 이미지는 시적 사고와 인식의 기본 수단인 동시에 한 편의 시는 그 자체가 하나의 이미지 덩어리(imagery, 언어에 의해 정신 속에 생성되는 이미지들. 개별적 이미지들의 집합)라 할 수 있는 것이다. 또한 시어에 나타나는 이미지의 객관성은 시인과 독자의 상상력을 연결해주게 되는데, 독자의 문학적 상상력 속에서는 이미지가 스스로 새로운 뉘앙스를 만들어 상징적 긴장 관계와 상상력의 체계를 형성하게 된다. 이런 면에서 이미지는 시를 구성하는 중요한 방법론적 요소로서 시 의식의 구현과 밀접한 관련을 맺고 있는 것이다. 그러면 다음 시들을 통해 어떤 형태와 방법으로 이미지가 사용되고 있는지 살펴보도록 하자.

    지치도록 달려온 갈색 암말이
    여기 쓰러져 있다
    더 이상 흘러가지 않을 것처럼

    生의 얼굴은 촘촘한 그물 같아서
    조그만 까끄러기에도 올이 주르르 풀려 나가고
    무릎과 엉덩이 부분은 이미 늘어져 있다
    몸이 끌고 다니다가 벗어놓은 욕망의
    껍데기는 아직 몸의 굴곡을 기억하고 있다
    의상을 벗은 광대처럼 맨발이 낯설다
    얼른 집어들고 일어나 물 속에 던져 넣으면
    달려온 하루가 현상되어 나오고
    물을 머금은 암말은
    갈색빛이 짙어지면서 다시 일어난다
    또 다른 의상이 되기 위하여

    밤새 갈기는 잠자리 날개처럼 잘 마를 것이다
                                 —나희덕, 「벗어놓은 스타킹」 전문

이 시는 벗어놓은 스타킹의 구체적인 모습을 통해 고단한 일상에 지친 생의 모습을 형상화시키고 있다. 시인 또는 페르소나(화자, persona)의 모습은 지금 "지치도록 달려온 갈색 암말"과 "욕망의 껍데기"가 되어 여기에 쓰러져 있다. 그리고 "몸의 굴곡을 기억하고 있는" 스타킹은 물 속에서 "갈색빛이 짙어지면서 다시 일어"나 다시 고단한 생을 지치도록 달리게 될 것이라고 말하고 있다.

결국 이 시는 스타킹이라는 객관적 상관물이 지니고 있는 특성을 추출하여 '지치도록 달려온 갈색 암말→촘촘한 그물→벗어놓은 욕망→몸의 굴곡을 기억→물을 머금은 암말→갈색빛이 짙어지면서 다시 일어난다' 순서로 이미지를 연결시킴으로써 시의 의미망을 확대시키고 있음을 볼 수 있다. 말하자면 눈에 보이지 않는 지친 일상의 관념들을 '스타킹'이 갖고 있는 구체적 형상들을 통해 비유하고 있는 것이다. 이러한 구체적 형상이 바로 이미지이다. 이처럼 시인의 정서를 표출하고 있는 구체적이고 감각적인 이미지들이 독자와의 교감을 이루면서 상상력과 울림의 폭을 확산시키는 중요한 역할을 하게 되는 것이다.

2. 이미지의 기능

이미지는 독자에게 감각적 인상을 불러일으켜 추상적인 관념을 구체적으로 형상화함으로써 사물을 보다 생생하게 전달하며, 사물의 인상과 영상을 더욱 뚜렷이 하는 기능을 한다.

프라이(N. Frye)는 심상이 제재를 명확하게 드러내고, 독자의 내면 세계를 자극하며, 독자의 반응을 유도하여 시를 정서와 연결시켜 주는 구실을 한다고 보았다. 또 루이스(C.D. Lewis)는 일상적인 언어를 통해서는 맛볼 수 없는 신선미를 빚어내게 하고, 시어에 탄력감과 긴축미를 부여하여 강렬성을 가져오며, 정서를 환기시키는 구실을 한다고 설명했다.

또한 에이브럼즈(M.H. Abrams)는 이미지가 시의 운율, 문체, 문법의 체계, 시점, 압축 방식과 확대 방식, 선택과 생략의 방법, 인물, 행동, 사상의 양상과 적절하게 통합되어야 한다고 말하고 있다. 그러면 여러 시적 요소들과 통합되면서 이미지가 시 속에서 나타내는 기능은 무엇인지 살펴보자.

첫째로, 시인이 시적 의미를 육화시키는 기능을 꼽을 수 있다. 시란 정서 또는 정서 작용을 통해 떠오른 상상력의 산물이다. 그런데 정서나 상상력은 주관적이고 가변적이며 심리적이다. 그러므로 이런 것들을 전달하기 위해서는 가시적인 방법을 택할 수밖에 없는데, 그것이 이미지이다. 그 이미지는 시인의 의식 속에 내재된 정서를 육화시키는 기능을 지닌다.

> 내 몸의 형체를 이룬 모든 선들을 깎고
> 깎아버린다면
> 나는 견고해지는가
> 내 몸이 소진되어버린다면
> 꿰뚫을 수 있는가
> 저 사막을
> 지상에서 가장 큰 동물이 되고 싶은
> 미련한 내 희망이라는 것까지도
> 꿰뚫어
> 나를 절망케 하는 것은 노역이 아니라
> 무거운 짐을 지고
> 이 세상 밖을 묵묵히 걸어가려 하는
> 가혹한 믿음이란 것을
> 깨닫게 할 수는 없는가
> 　　　　　　　─김수영,「낙타」부분(『로빈슨크루소를 생각하며, 술을』에서)

이 시는 사막을 건너가는 낙타의 상상력을 통해 결코 불모의 사막(험난한 행로)에 주저앉지 않으려 하는 시인의 의식을 구체적으로 형상화시키고 있다. 이처럼 추상적이고 실체가 드러나지 않는 존재의 모습이나, 형이상이나 피안의 세계에 숨어 있는 의미가 이미지를 통하여 구체화되고 현실화된다 할 수 있다. 즉, 이미지는 시적 의미의 육화(incarnation)이다.

이미지는 둘째, 대상을 모방적으로 재현하는 기능이 있다. 셋째, 새로운 사물과 관념을 창조하는 기능이 있다. 넷째, 독자의 자율적인 해석권을 확대시키는 기능이 있다. 다섯째, 시적 분위기를 조성하는 기능이 있다.

그렇다면 이미지가 이러한 기능을 수행함으로써 결국 얻는 것은 무엇인가. 이미지가 특히 비유적이고 상징적인 것은 첫째, 화자가 말하는 것을 보다 명료하게 깨닫게 한다. 화자 앞에 전개되는 물질적 세부들을 정확히 기록함으로써 독자가 그것을 이해할 뿐만 아니라 화자가 무엇에 반응하는가를 깨닫게 된다. 둘째, 화자의 반응은 화자의 정서와 연결되며 따라서 시의 독특한 정서를 깨닫게 한다. 셋째, 이미저리(imagery)는 화자의 의식을 환기함으로써 화자의 정신활동을 자극하고 그 활동을 외면화한다. 넷째, 시인이 이미지를 취급하는 것은 세부의 선택과 비교를 통해 독자에게 시적 상황을 암시하려는 것이요, 동시에 시적 상황 속의 다양한 여러 요소들에 대한 독자의 반응을 유인한다. 다섯째, 독자의 기대를 인도하고 환기하는 방법으로서의 기능을 나타낸다. 결국 이미지는 제재의 환기, 화자의 정조, 사상의 외면화, 독자의 태도를 지시한다고 볼 수 있다.

3. 이미지의 종류

1) 감각적 이미지

이미지의 기본적 기능은 감각적 체험을 되살리는 것이다. 이미지란 말이 던져주는 세속적인 의미 때문에 우리는 흔히 시각과 관련된 표현 또는 인상만을 이미지로 받아들이기 쉽다. 그러나 이미지는 모든 종류의 감각과 관련된다. 주로 시각과 청각이 중심이 되지만 후각·미각·촉각 등이 있고, 심지어는 무게 감각·운동 감각(대상의 움직임의 지각), 기관 감각(고동·맥박·호흡·소화 따위의 지각), 근육 감각(근육의 긴장의 자각) 등도 이미지로 제시될 수 있다. 이런 것들을 통틀어 감각적 이미지라고 부른다.

    시냇물에 빠진 구름 하나 꺼내려다
    한 아이 구름 위에 앉아 있는
    송사리 떼를 보았지요
    화르르 흩어지는 구름 떼들 재잘대며
    물장구치며 노는 어린것들
    샛강에서 놀러온 물총새 같았지요
    세상의 모든 작은 것들, 새끼들
    풀빛인지 새소린지 무슨 초롱꽃인지
    뭐라고 뭐라고 쟁쟁거렸지요

    무엇이 세상에서
    이렇게 오래 눈부실까요?
                    —천양희, 「한 아이」 전문

  이 시는 주로 시각적 이미지와 청각적 이미지를 통해 한 폭의 수채화를 그려놓고 있다. 1연에서 '시냇물' '구름' '송사리 떼' '물장구치며 노는 어린것들' '물총새' '풀빛' '초롱빛' 등의 시각적 이미지와 '재잘대며' '쟁쟁거렸지요' 등의 청각적 이미지, 그리고 '화르르'와 같은 역동적 이미지들이 어울려 2연의 "무엇이 세상에서/이렇게 오래 눈부실까요?"를 향해 시적 의미가 집약되고 있음을 느낄 수 있다. 자연에서 오는 감각적 이미지에 자신을 투사시킴으로써 순수와 영원, 그리고 부드러운 생명의 세계로 화합하고자 하는 시인의 정서가 묻어나고 있음을 알 수 있다. 단순한 감각적 이미지의 나열이 아니라 마치 곱게 짜여진 비단을 보는 것과 같은 세밀함이 돋보이는 작품이라 하겠다.
  우리가 흔히 시를 쓸 때 지나치게 감각적인 기교에만 치우쳐 전체적인 균형을 잃기가 쉬운데 앞서 언급했던 대로 시는 하나의 이미지 덩어리라 한 것처럼 천을 직조해내듯 전체적으로 균형 잡힌 이미지의 사용에 주의해야 할 것이다.

2) 묘사적 이미지

묘사적 이미지는 객관적으로 존재하는 사물의 감각을 모방적으로 재현해내는 것에 적합하다. 다시 말해 시각적 대상과 장면의 묘사를 통해 루이스의 말처럼 시 전체가 "낱말로 된 그림"이 될 수 있도록 하는 이미지이다. 그를 얻기 위해서는 문장의 각 성분과 어휘들을 모두 구체화해야 한다. 그리고 그 대상이 존재하는 시간적, 공간적 배경을 제시하는 것이 바람직하다.

> 끊임없이 몸을 늘였다 줄였다 하면서
> 벌레 한 마리 걸어간다.
> 긴 몸을 늘였다가 움츠릴 때마다
> 몸 가운데가 봉긋하게 솟으면서
> 둥근 공간이 생긴다.
> 긴 몸으로 그 공간을 밀어
> 벌레는 앞으로 나아간다.
> 가만히 들여다보니
> 벌레는 투명한 알을 까며 가고 있다.
> 몸을 늘였다 줄였다 할 때마다
> 하나씩 뿜어져 나오는 그 알을
> 수많은 짧은 다리들이 굴리며 가고 있다.
> ─김기택,「벌레」전문

이 시는 시인의 생각이나 설명이 드러나지 않는다. 다만 특별한 대상의 묘사를 통해 전체적인 이미지를 만들어내고 있다. 그저 비디오를 보여주듯 벌레 한 마리가 알을 까며 기어가고 있는 모습을 정밀 묘사하고 있을 뿐이다. 그러나 그 모습은 현대 사회를 힘들게 살아가고 있는 우리 모두의 자화상이기도 한 것이다.

> 자전거포도 순댓국집도 문을 닫았다
> 사람들은 모두 장거리로 나와
> 주먹을 흔들고 발을 굴렀다
> 젊은이들은 징과 꽹과리를 치고
> 처녀애들은 그 뒤를 따르며 노래를 했다
> 솜뭉치에 석유불이 당겨지고
> 학교 마당에서는 철 아닌 씨름판이 벌어졌다
> 그러다 갑자기 겨울이 와서
> 먹구름이 끼더니 진눈깨비가 쳤다
> 노인과 여자들만 비실대며 잔기침을 했다
> 그 겨우내 우리는 두려워서 떨었다
> 자전거포도 순댓국집도 끝내 문을 열지 않았다
> ─신경림, 「폭풍」 전문

이 시는 서사의 객관적 점묘를 통해 시적 정황을 제시하고 있다. 시간적 순서에 따라 한 사건을 서술하거나 묘사하는 것만으로도 한 편의 시가 되는 것이다. 여기에서 중요한 것은 무조건 어떤 대상이나 사건을 묘사해낸다고 시가 되는 것이 아니라 시를 쓰는 시인의 의도가 중요하다 하겠다. 묘사를 통해 얻고자 하는 시적 진실이 무엇이냐에 따라 대상을 관찰하는 시각이나 의도가 달라지기 때문이다. 위에 인용된 시를 읽다보면 그 의도가 나타나게 되고 그것이 시 전체 이미지를 결정하는 중요한 요소가 되는 것이다.

3) 비유적 이미지

비유적 이미지는 대상에 대한 복합적이고 모호한 정서나 관념을 구체화하는 데 적합하다. 이런 이미지는 시인이 원래 표현하려는 원관념과 그것을 구체화하기 위해 동원하는 보조관념으로 구성한다. 그리고 원관념과 보조관념은 서로 비교하는 과정을 거쳐 두 사물이 하나로 동일시된다.

　비유적 이미지는 원관념과 보조관념의 결합 양상에 따라 치환은유적 이미지, 병치은유적 이미지로, 치환은유적 이미지는 다시 직유적·환유적·대유적·제유적·의인적 이미지로 나눌 수 있다.

　　멸종된 인간은 그리움이지만
　　멸종된 시간은 두통이다.

　　사라진 어제를 향해
　　"그래, 네 맘대로 가라"문을 열었다 닫는 순간
　　팔십년대의 그림자가 피걸레처럼 뒹굴고
　　　　　　　　　　　　　ㅡ신현림, 「세월, 갈 테면 가라지요」 부분

　　노래하는 여인 노래하지 않는 여인
　　우는 여인 울지 않는 여인
　　떠나간 여인 떠나가지 않는 여인
　　눈을 감은 여인 눈을 감지 않은 여인
　　기다리는 여인 기다리지 않는 여인
　　옷을 벗은 여인 옷을 벗지 않은 여인
　　아이를 낳은 여인 아이를 낳지 않은 여인
　　담배를 피우는 여인 담배를 피우지 않는 여인
　　취한 여인 취하지 않은 여인
　　눈썹을 그리는 여인 눈썹을 그리지 않는 여인
　　손이 고운 여인 손이 곱지 않은 여인
　　옆에 있는 여인 옆에 있지 않은 여인
　　먹고 싶은
　　퇴근 5분 전이다
　　　　　　　　　　　ㅡ이창기, 「물위의 암스테르담」 전문

　위 시에서 신현림의 시는 원관념과 비유의 보조관념에 의해 이루어지는 치환은유적 이미지들이다. "멸종된 인간은 그리움"을, "멸종된 시간은 두통"을 동반하며, "팔십년대의 그림자가 피걸레처럼 뒹굴고"에서 보듯 은유와 직유의 구조를 통해, 이미 흘러가 버린 시간이지만 80년대의 어두운 기억들은 아직도 시인의 뇌리에는 '그리움'과 '두통'을 동반하며 "피걸레처럼 뒹굴고" 있는 긴밀한 연관성을 갖는 이미지로 나타나고 있다.

이창기의 시는 병치은유적 이미지 사용의 예이다. 병치은유는 A는 B다의 구조를 탈피하여 시구와 시구를 병치함으로써 일어나는 새롭고 독특한 의미 창출의 형태를 말하는 것이다. 병치된 시구와 시구, 병치된 이미지와 이미지 사이에서 일어나는 의미의 변화가 새로운 의미의 세계를 만들어내게 되는 것이다.

「물위의 암스테르담」은 수많은 대조적 여인들의 이미지를 병치·병렬시킴으로써 제목이 암시하듯 둥둥 떠 있는 것 같은 '퇴근 5분 전'의 나른함과 욕망의 세계를 표현해주고 있다.

4) 상징적 이미지

이미지의 기본적인 기능은 감각적 인상을 생생하게 재현해내는 데 있다. 그러나 이것만이 전부는 아니다. 이미지는 어떤 대상의 감각적 인상을 전해줄 뿐만 아니라, 독자에게 그 대상과 관련된 여러 가지 관념들을 연상시킨다. 따라서 심리적 연상에 의해 태어나는 상징적 국면이 드러나게 되는 것이다. 이는 시 속에서 반복되는 시의 전체적인 이미지가 일정한 유형을 띠거나 신화나 원형 의식 등과 관련되어 나타나게 되는데, 이처럼 '관념을 연상시키는 기능을 가지는 이미지'를 상징적 이미지라 한다. 이 장에서는 주로 원형적 이미지를 중심으로 다루고자 한다.

휠라이트(P.E. Wheelwright)는 『은유와 실재』에서 원형의 유형을 상하, 빛과 어둠, 피, 물, 불, 바람, 대지, 색채, 원의 원형 등으로 나누고 있다.

상하의 이미지
- 상승 : 권력, 선, 성취, 진리, 하늘, 아버지
- 하강 : 빠짐, 파산, 두려움, 상실, 공허, 분노, 벌, 어머니

물, 불, 바람, 대지 이미지
- 물 : 창조의 신비, 탄생-죽음-부활, 정화와 구원, 풍요와 성장, 무의식
- 불 : 상승의 의미
- 바람 : 호흡, 영감, 인식, 영혼, 정신, 비탄
- 대지 : 어머니, 풍요, 관용

빛과 어둠의 이미지
- 빛 : 영광, 진리, 창조, 자연의 법칙, 아버지의 원리
- 어둠 : 파멸, 불의, 신비, 혼돈, 죽음, 몰락

색채 이미지
- 흑색 : 혼돈, 신비, 미지, 죽음, 악, 우울, 무의식
- 적색 : 피, 희생, 격정, 무질서
- 녹색: 성장, 감각, 희망

원의 이미지
- 전체성, 통일성, 의식과 무의식의 결합

피의 이미지
- 삶, 죽음, 처녀성 상실, 월경, 형벌

그럼 몇 가지 원형적 이미지를 사용하고 있는 시들을 살펴보자. 다음 시는 주로 어둠의 이미지를 사용한 예이다.

동굴의 캄캄한 내부, 잘록잘록 마디가 있는
동물의 창자처럼 살아 꿈틀거린다 마치
내시경하듯 플래시로
서늘한 어둠이 숨쉬는 식도를 지나
긴 내장의 구석구석을, 비춘다, 뚝뚝 흘러내리는
투명한 물방울들. 번득이는 불빛에 놀란 듯

빛을 피해 어둠 속으로 더 깊은 어둠
― 고진하, 「동굴 탐사」 부분

이 시는 미래를 예측할 수 없는 현실 세계를 동굴이 내포하고 있는 어둠의 이미지를 통해 표현하고 있으며 특히 빛의 이미지와의 대조적인 표현으로 그 의미를 더욱 심화시키고 있다. 특히 동굴을 연상시키는 동물의 내장을 관찰하는 부분에서 사용된 물과 피의 이미지는 시인이 인식하는 세계를 더욱 더 비극적으로 만드는 역할을 하고 있다. 아래는 모두 기형도의 시이다.

사방에서 인적 끊어진 꽃밭, 새끼줄 따라 뛰어가며
썩은 꽃잎들끼리 모여 울고 있을까.
― 「도시의 눈」 부분

금간 창 틈으로 고요히 빗소리
빈방에 혼자 엎드려 훌쩍거리던
― 「엄마 걱정」 부분

네 속을 열면 몇 번이나 얼었다 녹으면서 바람이 불 때마다
또 다른 몸짓으로 자리를 바꾸던 은실이 울고 있어
― 「밤눈」 부분

낡고 흰 담벼락 근처에 모여 사람들이 눈을 턴다
진눈깨비 쏟아진다, 갑자기 눈물이 흐른다.
― 「진눈깨비」 부분

그럴 수도 있다, 그는 낡아빠진 구두에 쑤셔박힌, 길쭉하고 가늘은
자신의 다리를 바라보고 동물처럼 울부짖는다.
― 「여행자」 부분

기형도의 시에 자주 나타나는 것이 눈물 이미지이다. 그것은 「도시의 눈」과 「밤눈」에서처럼 꽃잎이나 눈까지도 눈물 흘리고 있으리라는 감정

이입과, 「엄마 걱정」에서처럼 빈방에 갇힌 상태에서 자폐성을 띠기도 하고, 방을 나와 거리를 나서면, 「진눈깨비」와 「여행자」에서와 같이 갑작스런 눈물과 드디어는 동물처럼 울부짖음으로 발전한다. 그의 시 도처에서 나타나는 빗방울, 구름, 바람의 이미지는 수직적 상승이 불가능한 부조리의 세계 속에서 출구를 찾으려는 시인의 열망이 물 또는 눈물 이미지를 통해 안타깝게 드러난 것이라 하겠다. 다음은 죽음 이미지가 사용되고 있는 김혜순과 최승호 시인의 시를 보자.

어디서 접시 깨어지는 소리를 들었다.
언제나 그 소리가 들렸다.
옆에서 죽은 여자의 전신이 망가진 기계처럼 흩어졌다.
꺼머먼 뼈 사이로 검은 독충들이 기어나왔다.

내가 한 마리 독충을 들고 웃는다.
혹은 말을 걸어 보고 싶다.
<내 진술은 여기서부터 더듬기 시작>
바, 방에는 검은 독충들이 더, 듬, 으, 며, 흩어지고

어리고 섬찟한 금을 긋는다.
내가 죽은 여자의 입술을 주어서 담배를 물려준다.
그러다가 이내 뺏아가고 다시 물려준다.
불이 우는 것 같다. 어디서 복숭아 냄새가 난다.

詩 속에 사닥다리라는 말을 넣고 싶다.
사닥다리를 든 내가 계단에서 서성거린다.
창문이 열리고 흰 스카프를 쓴 죽은 여자의 얼굴이 걸려 있다.
아, 아직도 접시 깨어지는 소리가 들린다.
—김혜순, 「담배를 피우는 屍體」 전문

시의 제목이 암시하듯이 위의 시 전체에는 담배 냄새와도 같은 죽음의 이미지가 진하게 배어 나온다. 검은 독충들은 죽은 여자와 나 사이에 섬

쩟한 금을 그으며 삶과 죽음의 경계를 가르려 하지만 나는 죽은 여자에 입에 담배를 물려주고, 죽은 여자의 얼굴이 걸려 있는 창문으로 사닥다리를 놓아 오르고자 한다. 죽음을 뛰어넘고자 하는 욕구가 사닥다리를 밟고 오르고자 하는 모습을 통해 수직적 상승 욕구의 모습으로 나타나고 있는 것이다.

최승호의 경우 '죽음'은 그에게서 인식 대상으로 끝나지 못하는 삶의 주체이다. 그런 까닭에 그의 시에서 '죽음'의 이미지는 영속적이며 구체적으로 나타나고 있다.

> 땅 속의 계단을 내려간다
> 어떤 죽음의 동굴을 내려가서
> 우리는 또 이렇게 붐비면서 망령들 속에 기다릴까
> 저승의 강가에 앉아
> 龍船을 기다릴까
> …(중략)…
> 돌고드름과
> 돌의 떡잎과
> 돌기둥들이 자라나는 텅 빈 동굴만큼이나
> 썰렁한 지하철 정거장
> 계단을 스물아홉 번 밟으면
> 스물아홉 순간 늙는 줄 모르면서
> 마흔 계단을 밟으면
> 마흔 순간 죽어가는 줄 모르면서
> ─최승호, 「지하철 정거장의 노란 의자들」 부분

위의 시에서는 지하철 정거장으로 가는 계단이 죽음의 계단으로, 정거장이 죽음의 동굴로, 정거장 속 행인들을 유령의 이미지로 그려내고 있다. 항상 숙명처럼 죽음과 맞닿아 있는 현대인의 절박한 죽음의식의 실상과 의미를 지하철 정거장의 구체적 풍경과 상상력을 통해 형상화시키고 있는 작품이다.

지금까지 살펴본 것처럼 시 속의 이미지는 시인의 복잡하고 다양한 내면의식을 표현해내고, 또한 독자와의 소통을 이루고 상상력을 확산시키는 중요한 연결고리라 할 수 있다. 이런 면에서 이미지는 시를 구성하는 중요한 방법론적 요소로서 시 의식의 구현과 밀접한 관련을 맺고 있다.

■ 박영우

제4장

시의 비유

1. 왜 다시 비유인가?

문학의 가장 기본적인 표현 수단은 언어이고 언어를 떠나서 문학은 존재할 수 없다. 그 가운데 언어를 가장 적게 쓰면서 인간의 사상 감정을 가장 감동적으로 표현하는 양식은 시다. 시가 모든 문학의 이상이고[1], 시를 언어의 정수(精髓)라는 이유가 여기에 있는 것이다.

왓슨은 인간의 사고를 단순히 마음속으로 하는 말로서 사람들이 어떠한 종류의 사고활동을 할 때는 실제로 자기 자신에게 말하는 것이라 했고[2], 인간은 언어와 더불어 비로소 사유하는 존재라는 야스퍼스의 말을 빌리지 않더라도, 인간은 언어를 떠나 세계를 인식할 수 없고 사고 작용마저도 불가능하다. 시인도 세계와 접촉할 때부터 탈고의 순간까지 언어에 의존한다. 이때 시인이 사용하는 언어는 신비스러운 외계의 언어, 주문, 방언 따위가 아니다. 즉 사전 속에 수록된 일상적인 언어로 시를 창작하는 것이다.

---

1) 박이문, 『문학과 언어의 꿈』, 민음사, 2003, 170쪽.
2) J.B. Watson, *Behaviorism*, New York, Norton, 1930. 노명완 외, 『국어과 교육론』, 갑을출판사, 1988, 63쪽 재인용.

언어 표현 양식에는 많은 종류가 있다. 문학적인 글과 비문학적인 글을 비교하거나 문학 가운데 시와 다른 작품을 비교해보면 큰 차이가 드러나는 것을 알 수 있다. 짧은 양식 속에 커다란 아름다움과 감동이 담겨 있는데, 그 원인은 어디에서 연유하는가. 기존의 언어 사용 방법으로는 시인의 독특한 생각과 느낌을 감동적으로 표현하기 어렵다. 결론적으로 시인은 기존의 언어를 사용하면서도 그 방법을 다르게 한 결과다. 한편 언어의 한계성도 지적될 수 있다. 사전 속에는 무수한 언어가 있지만 일상생활에서도 언어의 빈곤을 겪는 일은 허다하다. 하물며 시인이 독특한 생각과 느낌을 표현하기에 기존의 언어는 턱없이 부족하다. 이를 극복하기 위해 새로운 언어를 창조해야 하나 공감은 물론 의사소통을 고려한다면 일상 언어의 카테고리를 벗어날 수 없고 기존의 문법 논리를 따라야 한다. 시인의 딜레마는 항상 여기에 있다. 따라서 시인은 기존의 방법과 다른 언어 사용 방법을 부단히 모색한다. 이는 신조어를 이르기보다 일상생활의 언어를 적절하게 결합해 감동적으로 표현하는 것을 의미한다. 언어를 최대한 절제하면서 시인의 생각과 느낌을 최대한 많이 담아 표현하는 방법으로 가장 가까운 거리에 비유가 있다. 기존의 언어를 결합해서 창조한 개성적인 비유는 시인의 감동을 효과적으로 표현하는 데 크게 기여하는 것이다.

 수사학은 말을 듣는 사람이나 독자에게 감동을 줄 수 있도록 말이나 글을 꾸며 아름답게 표현하는 방법을 연구하는 학문을 가리킨다. 그리고 그 방법이나 법칙을 이르는 수사법을 한국에서는 비유법이란 등식으로 파악해왔다.3) 수사법을 비유법으로 이해한 이유는 적절한 비유의 창조와 그것의 활용 효과를 높이 인식한 결과로 보인다. 그러나 프랑스에서 수사학이 중등학교 수업에서 빠진 것은 1902년이었고,4) 오늘날 서구의 어느 나라에서도 수사학 교육은 완전히 자취를 감추었다. 따라서 비유를 거론

---

3) 한계전, 『한국현대시론연구』, 1983, 258~261쪽.
4) 한계전, 위의 책, 259쪽.

하는 것은 구시대의 유령을 부활시키는 것처럼 보일 것이다. 그러나 인간의 생각과 느낌을 표현하는 데 최적의 언어 선택과 결합, 비유에 대한 논의는 자연스러운 일이다. 또 보다 감동적인 텍스트 생산 방법을 모색할 때 비유에 대한 언급은 경시될 수 없다. 김춘수의 말로 요약하자면 시는 미묘한 세계를 미묘한 그대로 전달하고자 하기 때문에 비유를 통해 암시적으로, 또는 함축적으로 전달하지 않고서는 다른 방법이 없다.5) 시인의 복잡 미묘한 감동을 고도로 함축시키고 효과적으로 표현하는 방법으로 비유를 강조한 것이다. 비유를 다시 논의하는 것은 이런 까닭이다.

2. 비유의 개념과 성립 원리

비유에 대한 논의의 역사는 매우 깊다. 비유를 말할 때는 일반적으로 직유와 은유를 포괄한 개념으로 통용되는데, 서양에서는 고대 희랍의 아리스토텔레스가 『시학』에서 처음 은유를 거론하였다. 동양에서는 『주례(周禮)』에서 부비흥(賦比興)에 대한 언급이 처음 발견된다.6) 이후 현대에 이르기까지 비유는 시인이나 문학연구가들 사이에서 끊임없이 논의되고 있다. 이러한 관심은 시와 비유의 관계에 대한 그들의 인식을 반영한다.

서양에서 사용된 은유에 대해서는 다시 언급하겠지만, 『시학』에 따르면 은유를 "유에서 종으로, 혹은 종에서 유로, 혹은 종에서 종으로, 혹은 유추에 의하여 어떤 사물에다 다른 사물에 속하는 이름을 전용하는 것"7)이라고 정의하고 있다.

동양에서 비유 활용이 망라된 것은 『시경』이지만, 비유에 대한 언급은

---

5) 김춘수, 『시의 이해와 작법』, 고려원, 1989, 17쪽.
6) 이병한, 『중국고전시가의 이해』, 문학과지성사, 1992, 89쪽.
7) 아리스토텔레스, 『시학』, 천병희 옮김, 문예출판사, 1976, 148쪽.

『주례』로, "태사께서 육시를 가르치셨는데, 풍부비흥아송이라 한다"(太師 敎六詩曰風賦比興雅頌)는 기록이 보인다. 서한 이래『시경』에 대한 해석과 함께 시에 관한 논의가 매우 활발해졌다. 서한 초『모시』(毛詩)에 다시 육의(六義)가 언급되었다. 이는 풍·아·송·부·비·흥을 가리키고, 그 중 부비흥은 고대 중국시의 전통적 표현 기법을 의미한다. 부비흥의 특성과 기능에 대해서는 시론가마다 약간씩의 견해 차이가 있으나 대체로 부는 직서법(直敍法)으로서 말하고자 하는 사물을 자세히 부연하여 진솔하게 하는 표현이고, 비란 말하고자 하는 바를 다른 사물에 비유하는 것이며, 흥은 오늘날의 상징에 해당된다. 한자에서 비(比)의 자해(字解)는 두 사람이 나란히 서 있는 모양으로 '견주다' '나란하다'의 뜻이지만, 시에서 말하는 비는 사물에 대한 생각과 느낌을 비슷한 다른 사물에 견주거나 빌어 표현하는 방법이라 하겠다.

여러 견해[8]를 고려해보면 동서양에 걸친 비유의 개념은 거의 일치한다. 비유는 우선 시인이 세계와 접촉한 경험을 직접 토로하는 방법이 아니다. 바로 말하고 서술하면 남김없이 드러내기는 쉬워도 감흥을 일으키기는 어렵다(蓋正言直述則易于窮盡, 而難于感發)[9]는 사실을 일찍부터 깨달

---

8) 지우(摯虞) : 비라는 것은 유사한 것을 이르는 말이다(比者 喩類之言也).「文章流別論」

종영(鍾嶸) : 외물로 말미암아 자신의 본심을 깨닫게 하는 것이다(因物喩志 比也).「詩品, 序」

가도(賈島) : 비슷한 종류를 취하는 것, 예쁘거나 미운 것이 서로 종류를 이뤄 상대적으로 서로를 드러내는 이치이다(取類曰比 比者 類也姸蚩相類 相顯之理).「二南密旨」

공영달(孔穎達) : 비는 외물에 견주는 것으로 '같다(如)'라 말하는 것들이 모두 비다(比者 比方於物, 諸言'如'者皆比辭也).「毛詩正義」

호인(胡寅) : 사물을 끌어다 정을 기탁하는 것이니 정을 사물에 붙이는 것이다(索物以托情謂之比, 情附物者也).「與李叔易書」

이동양(李東陽) : 이른바 비와 흥은 모두 사물에 기탁하여 정을 덧붙여 내는 것이다(所謂比與興者 皆托物寓情而爲之者也).「懷麓堂詩話」

오교(吳喬) : 사물에 기탁하여 진술하는 것이다(托物而 陳則爲比).「圍爐詩話」

9) 이병한, 위의 책, 95쪽.

은 시인은 결코 직접 말하지 않고, 노래하는 사이 듣는 이가 스스로 깨닫도록 하며, 노래는 다했지만 여운이 무궁하게 남는 방법으로 비유를 모색한다. 비유는 간접적이고 우회적인 표현이다. 즉 말하고자 하는 생각과 느낌을 다른 세계로 옮기고, 그것과 비교하거나 뜻을 의탁해 보다 효과적으로 표현하는 방법이다.

비유가 성립되기 위해서는 서로 독립된 두 세계가 있어야 한다. 먼저 어떤 상황에서의 사물이나 그것에 대한 생각과 느낌이 결정되어야 한다. 즉, 본래 말하고자 하는 세계(비유되는 것)와 대신하고자 동원하는 세계(비유하려는 것)가 필요하다. 다른 용어를 빌리면 전자를 원관념(本意, 趣意, tenor), 후자를 보조관념(喩意, 媒材, vehicle)이라 한다. 독립된 두 세계의 결합이 비유인데, 결합이 성립되기 위해서는 둘 사이에는 형태나 속성 등에 있어서 어떻게든 서로 비슷한 성질이 내재해 있어야 한다. 이 유사성은 두 세계가 결합될 수 있는 근거가 된다. 이미 오래 전 시의 근본원리를 꿰뚫고 있었던 아리스토텔레스가 언급한 바와 같이 연상과 유추를 통해 유사성이 발견되어야 한다. 이는 비유 성립의 근본 조건이다.

그런데 여기서 서로 무관한 두 세계에 주의를 기울일 필요가 있다. 시는 언어를 떠나 설 땅이 없다. 대상을 가리키는 언어와 인간과 세계와의 관계를 재고해야 한다. 그 속에서 비유의 기능이나 효과가 규명될 수 있기 때문이다. 언어는 존재를 표상하는 말소리이며 동시에 의미를 내포한다. 다시 말해 언어는 사물이 존재하기 때문에 생겨난다. 설령 눈에 보이지 않더라도 있을 것이라 생각되는 세계에 대한 이름이다. 하이데거는 언어는 곧 존재라고 주장했지만, 언어는 존재를 지칭하면서 대상 그 자체인 것이다. 인간이 세계를 대신하는 편리한 언어로 찬란한 문명을 이루었다는 사실은 부정할 수 없다. 그러나 오랫동안에 걸친 습관적 언어 사용에 따라 인간은 존재의 본질을 소홀히 하고, 언어를 관념으로 인식하게 되었다. 이는 존재와의 관계 소원, 세계와의 단절을 의미하기 때문에 문명의 발전과는 상대적으로 우주로부터 인간의 고립을 뜻한다. 또한 비유 성립의 조건으로서 두 세계도 서로 고립된 채 피상적으로 이름만 남아 있는, 무기력한 존재에 불과하다. 사물과 사물 사이, 인간을 둘러싼 삼라만상과의 소통은 회복되어야 마땅하다. 물리적인 교신이나 왕복이 아니다. 이는 인간을 둘러싸고 있는 세계와의 단절로부터 해방이며, 우주적 의사소통의 회복을 의미한다. 존재에 대한 관념적 인식을 파괴할 때 본질을 상실한 언어(존재)는 부활하지만 비유에 의해 결합될 때 이들은 더욱 약동한다. 우주와 우주 사이, 고립을 자초한 이후 철폐되었던 인간과 우주 사이의 옛길은 시인이 창조하는 비유에 의해 회복 재개될 수 있는 것이다.

3. 비유의 종류와 표현 효과

에이브럼즈는 비유를 직유(simile), 은유(metaphor), 혼성은유(mixed metaphor), 죽은 은유(dead metaphor), 환유(metonymy), 제유(synecdoche), 의인화(personification) 등으로 분류하였다.10) 물론 오랜 역사에 걸쳐 축적된 여러 시인의 작품들을 검토하다 보면 그 용례를 발견하고 충분히 구별해낼 수 있다. 그러나 시를 분석할 때 쉽게 발견하거나 시를 창작할 때 주로 활용하는 것은 직유, 은유, 의인화가 가장 대표적인 비유이다. 따라서 여타의 비유를 제외하고11) 이 세 가지를 중점적으로 논의한다.

---

10) M.H. 에이브럼즈, 『문학용어사전』, 최상규 옮김, 보성출판사, 1990, 100~105쪽.
11) 에이브럼즈는 같은 책에서 ①두 개 또는 그 이상의 보조관념을 결합한 형태, 또는 은유 속에 또 다른 은유가 들어 있는 형식을 혼성은유, ②'책상다리'나 '문제의 핵심'과 같이 너무 흔히 사용되었기 때문에 비유라는 의식조차 할 수 없을 만큼 되어버린 비유를 죽은 은유, ③'왕관'이나 '홀'은 왕을 뜻하고, '밀턴'은 밀턴의 작품을 의미하며, 전형적인 옷차림이 남녀의 성별을 의미하는 것과 같이 하나의 사물이 그것과 밀접하게 연관된 것에 사용된 경우를 환유, ④'열 손가락'이 열 명의 일꾼을 의미하는 것처럼 부분이 전체를 뜻하거나 전체가 부분을 뜻하는 것을 제유라고 정의했다.

1) 직유(명유)

직유는 '처럼(as)'이나 '같이(like)' '~듯' '인 양' '만큼' '비슷하다' 등 동일하거나 유사성을 말할 때 쓰는 조사나 형용사를 가시적으로 써서 명백히 다른 이들을 직접적으로 연결시키는 비유의 한 방법이다. 이는 소외된 채 본질을 상실한 단순한 세계가 시인에 의해 선택되고, 비유에 의해 결합되면서 시에 편입되는 것을 뜻한다. 비로소 생명을 갖게 된 세계는 시의 구조에 참여하여 하나의 뚜렷한 의미를 갖거나 일부분으로서 전체 의미에 기여할 수 있게 된다. 각각 독립된 채 의미를 지녔어도 결합될 때 보다 발전된 의미의 세계를 창조하는데, 이를 가능케 하는 것이 비유이고 이를 감동적으로 창조하는 것은 시인이다.

시인이 말하고자 하는 생각과 느낌은 아직 시인의 머릿속에 있는 추상적 관념이다. 이것을 이심전심(以心傳心), 불립문자(不立文字)의 형태로 전달할 수는 없다. 즉 구체적인 말소리나 문자로 표현되어야 하는 것이다. 시작 과정은 근본적으로 관념을 형상화시키는 작업이다. 즉, 추상적인 관념에 몸과 감각을 부여하는 행위인 것이다. 관념적 세계로서의 시어가 구체적 세계로서의 시어와 결합되어야 선택된 어휘들이 구절로, 나아가 한 문장으로서 뚜렷한 의미를 갖는다. 관념의 세계가 참다운 생명으로 약동하기 위해서는 비록 단절되었더라도 구체적 세계와 통로를 개설하고 서로 연결될 때 비로소 가치를 지니는 것이다.

> 하지만 사랑이거든
> 그것이 참말로 사랑이거든
> 서라벌 千年의 知慧가 가꾼 國法보다도 國法의 불보다도
> 늘 항상 더 타고 있거라.
> ―서정주,「善德女王의 말씀」부분

널리 알려져 있다시피 지귀(志鬼)가 선덕여왕을 사모하였다는 설화를 바탕으로 창작된 시다. 국법으로 엄히 명시된 신분제도를 넘어 사랑에 미

친 지귀, 기다리다 탑에 기대 잠든 그의 가슴에 여왕은 팔찌를 놓고 간 바 있다. 그랬음에도 지귀의 사랑이 스러지지 않는다면, 그것이 참다운 사랑이라면, 불보다 뜨겁게, 그리고 밝게 항상 타고 있으리라는 것이다.

시인이 말하고자 하는 본의는 물론 참다운 사랑이고 끊임없이 타오르는 사랑이다. 사랑은 추상적 관념이다. 어떤 색깔, 소리를 내는지 알 수 없는 막연한 세계다. 사랑의 비교 대상은 전혀 다른 차원의 불이다. 불은 물질이 열이나 빛을 내면서 타는 현상이다. 엄연히 서로 먼 거리를 두고 있다. 시인은 단절되고 무관한 두 세계를 서로 연결시킨다. 지귀의 여왕에 대한 사랑은 뜨거웠을 것이고, 그와 동일한 뜨거운 것으로 쉽게 연상할 수 있는 것은 불이다. 사랑과 불 사이의 유사성은 쉽게 발견된다. 이처럼 두 개념을 직접적으로 연결시키는 직유는 쉽게 이해된다는 장점이 있다. 막연한 사랑도 구체적인 감각세계의 불을 만나 상생하며 새로운 의미로 부활된다. 황금에 눈멀어 사랑이 길을 잃는 어두운 시대에도 밝고 뜨겁게 타오르는, 지귀의 사랑을 하나의 상징으로서 영원히 타오르도록 하라는 여왕의 당부를 빌어 시인은 말한다. 두 세계를 결합해 새로운 의미를 창조한 사례를 확인할 수 있다.

시인의 유추에 의해 성립되는 직유는 눈에 보이지도 않고 손으로 만질 수도 없는 추상적 관념과 구체적 세계 사이를 상통할 수 있도록 한다. 그뿐 아니라 두 구체적 세계를 연결시키면서 새로운 의미를 창조하기도 한다. 물리적인 세계에서 가장 빠른 방법은 날아가는 것이다. 그러나 『리그베다』에는 하늘을 나는 모든 것 중에서 마음(manas)이 가장 빠르다고[12] 기록되어 있다. 마음은 곧 인간의 상상력이다. 시인의 직관적 상상력에 따라 유사성을 포착하고 성립되는 직유는 아무리 먼 거리에 놓였더라도 일순간 연결할 수 있다. 시들을 검토해보면 구체적인 두 세계를 결합해 감동적인 새로운 세계를 창조하는 방법이 앞에서의 논의보다 훨씬 더 많

---

12) 마르치아 엘리아데, 『샤마니즘 - 고대적 접신술』, 이윤기 옮김, 까치, 1992, 411쪽.

은 작품에 쓰이는 것을 볼 수 있다.

> 일찍이 어머니가 나를 바다에 데려간 것은
> 저 無爲한 해조음을 들려주기 위해서가 아니었다.
> 물 위에 집을 짓는 새들과
> 각혈하듯 노을을 내뿜는 포구를 배경으로
> 성자처럼 뻘밭에 고개를 숙이고
> 먹이를 건지는
> 슬프고도 경건한 손을 보여주기 위해서였다.
> ―문정희, 「율포의 기억」, 부분

  인간은 언어의 편리성에 도취된 결과 존재를 관념으로 만나게 되었고, 우주의 진면목을 보지 못하게 되었다. 시인도 우주의 일부지만 우주 속에 숨겨진 비밀, 뭇 인간이 소홀히 여겨 간과했거나 미처 생각하지 못했던 우주의 참다운 의미와 본질을 발견하기도 한다. 시지프스는 그중 하나다. 뿐만 아니라 이미 창조된 우주를 가지고 서로 짜 맞추어 새로운 우주를 창조하기도 한다. 시인이 위대한 것은 그 때문이다.
  인용한 작품에는 '각혈하듯 노을을 내뿜는 포구'와 '성자처럼 뻘밭에 고개를 숙이고'에서 두 번 직유가 사용되었다. 포구를 중심으로 거대하고 장엄하게 형성된 저녁하늘의 붉은 노을이 시인에게는 마치 포구가 각혈하듯 보이는 것이다. 몹시 낭만적인 풍경이지만 포구가 각혈하듯 보이는 것은 결코 낭만적이지 않다. 오히려 포구 사람들의 삶이 얼마나 고통스러운가를 환기시킨다. 그렇다고 고통스러운 삶으로 한정하지 않는다. 시인이 그리는 풍경은 아름답다. 아름다운 자연현상을 한 폭의 그림처럼 묘사했기 때문만이 아니다. 고통스럽게 또 하루를 사는 포구 사람을 성자와 비교 연결함으로 피상적인 것이 아니라 경건하고 성스럽기까지 한 국면으로 전환시켰기 때문이다. 이와 같은 감동의 원인은 시인이 창조한 직유에서 비롯되었다는 것을 부정하기 어렵다. 자연현상에 불과한 노을과 인간의 병리현상은 관계없는 세계다. 또 시인의 눈에 포착된 사람은 뻘밭에서 조개를 캐는 사람일 뿐, 신의 목소리에 귀기울이고 명상하면서 늘 신의 세계를 앙모하는 신의 아들은 결코 아니다. 이 두 세계를 연결시킨 직유의 기능이 다시 확인된다.

> 가볍게 가볍게 한 쪽으로 눕는다
> 누웠다가 다시 파르르 일어서는
> 저 초록벌 볏잎사귀는?
> 발자국도 남기지 않고
> 가는 바람,
> 할아버지처럼
> 한 바퀴 들을 둘러보는 거다.
> 봇도랑 속에는 각시붕어 우렁이
> 갈대 부들 수초 사이 송사리 미꾸리
> 물꼬를 기웃대는 왜가리 같은
> 흰 머리 흰 저고리 한 마리 백로 같던
> 할아버지
> 할아버지
> 바람처럼 돌아보다 바람처럼 돌아가신.
> ─임진주(안양예고), 「날씨」 전문

이 작품에서는 "할아버지처럼/한 바퀴 들을 둘러보는", "왜가리 같던", "한 마리 백로 같던/할아버지", "바람처럼 돌아보는", "바람처럼 돌아가신" 등 다섯 군데 나타난다. 하나라도 생략하면 시가 와해될 만큼 직유를 중심으로 시가 짜여 있다. 여기에 사용된 직유의 본의와 유의는 모두 구체적인 형상을 갖거나 감각적으로 느낄 수 있는 세계다.

첫 번째 직유는 들판을 한 차례 지나가는 바람이 할아버지에 연결되었다. 들판을 지나가는 바람이 논을 둘러보고 가던 할아버지 같다는 생각이 든 것이다. 이런 생각은 작품의 모티브로 보인다. 이를 더 발전시켜 농수로를 확인하던 할아버지를 기억해냈다. 그때 할아버지 모습이 백로나 왜가리가 물꼬에서 먹이를 찾는 행동과 같아 보였을 것이다. 또 머리가 흰 할아버지가 흰 옷을 입었다면 흰 머리에 흰 깃의 백로나 왜가리와 흡사하다. 바람이 훑고 지나가는 넓은 들판을 바라보던 시야는 할아버지를 연상한 뒤 크게 축소되면서, 농수로를 살피던 할아버지의 단편적 인상을 구체화했다. 또 초록 벌판을 배경으로 흰 머리 흰 옷의 할아버지가 대조된다. 마지막으로 이제는 돌아가신 할아버지가 눈으로 볼 수 없는 바람과 같은 것이다. 이 부분에서 처음 직유의 본의와 유의를 역전시켜 흥미롭다. 할아버지가 돌아가셨지만 바람이 되어 아직도 들판을 둘러보고 있는 것과 같은 느낌이 들게 한다. 위 작품은 한 학급의 학생들에게 '날씨'라는 제목 아래 쓰게 한 시의 하나다. 이 학생은 가볍게 부는 바람에서 할아버지를 생각했고, 왜가리·백로·바람 등 다양하게 직유를 구사했다. 사용된 직유는 하나하나 생생한 의미를 획득한다. 그리고 그 부분들은 서로 연결되면서 전체 구조를 형성한다. 좀처럼 상관없는 대상들을 연결시켜 창조한 직유가 할아버지에 대한 기억을 선명하게 부각시켰다. 서로 고립된 채 무기력했던 존재들이 시인에 의해 선택되고 직유에 의해 결합되면서 부활하고 약동하는 세계를 다시 확인할 수 있다.

2) 은유(암유)

직유는 두 개념을 나란히 세워 놓는 일이고[13], 직접 비교하기 때문에 결과는 쉽게 밝혀진다. 그리고 본의와 유의 사이에 유사성이 노출되고, 결과는 상식적으로 연상이 가능하다. 따라서 직유는 합리적이고 논리적인 유추의 범주 안에 놓인다. 직유에서는 조사나 형용사가 문장상 가시적으로 나타난다면, 은유는 이를 생략하고 두 세계를 결합하는 방식으로 비교의 뜻이 암시되는 비유를 말한다. 그러나 그것이 명시적인가 암시적인가에 따라 구분하는 것은 의미가 없다. '같다', '듯하다', '~처럼' 등의 연결어가 생략되었을 뿐 금방 알 수 있는 은유는 허다한데 이처럼 금방 드러날 수 있는 은유는 참다운 은유라 하기 어렵다[14]. 오히려 어떤 경우에

---

[13] 이상섭, 『문학비평용어사전』, 민음사, 1976, 62쪽.

직유나 은유가 동원되어 표현이 효과적이었는지 결과에 따라 성패가 좌우된다.

　은유(metaphor)의 어원은 고대 희랍어 'Metaphorien'에서 온 말로 본래 '한 장소에서 다른 장소로의 이동'을 뜻했다.15) 은유는 서로 다른 두 곳에 놓인 사물들이 있어서, 이곳에 있는 것을 다른 곳으로 옮겨 처음 그것이 지니고 있던 의미가 전혀 다른 뜻을 지닌 말로 표현하는 방식이다. A는 A가 아니라 A는 B라 대체해 명명하는 것이다. 은유도 독립된 두 세계를 필요로 한다. 때로 본의가 드러나지 않는 작품도 있지만 이는 시인이 의도적으로 숨긴 것이다. 또 이곳에서 저곳으로 옮겨갈 때의 조건은 유사성에 근거한다.『시학』의 21장과 22장은 은유를 위해 마련한 장으로 보인다. 아리스토텔레스는 "그(생소한 말)보다 훨씬 더 중요한 것은 은유에 능한 것"이고, "천재의 표징"이라 강조했다. "왜냐하면 은유에 능하다는 것은 서로 다른 사물들의 유사성을 재빨리 간파할 수 있다는 것을 의미하기 때문"16)이라는 것이다. 아리스토텔레스가 논의한 대로 서로 다른 두 세계 사이의 유사성을 파악하고, 유추에 의하여 이들을 결합할 때 전혀 새로운 세계가 창조된다.

　직유에서 유의는 본의를 수식하기 위해 쓰이는 말이다. 수식어와 피수식어의 관계가 뚜렷하다. 또 '~같다' '~듯하다' 등으로 문장이 종결될 때 역시 유의는 본의를 설명적으로 보완하는 기능을 한다. 그러나 유의가 본의에 종속되는 것은 아니다. 본의나 유의가 각각 원래의 모습을 지닌 채 비교17)될 뿐이다. 이에 비해 은유에서 본의와 유의는 서로 대등한 자격을 갖는다. 유의와 본의는 각자 복잡한 의미의 세계를 형성하고 있다.

---

14) 이상섭, 앞의 책, 62쪽 참조
15) 윤명구 외,『문학개론』, 현대문학, 1988, 66쪽.
　　김용직,『현대시원론』, 학연사, 2000, 99쪽.
　　Liddel & Scott, *Greek-English Lexicon*, Oxford Univ Press, 1960.
16) 아리스토텔레스, 앞의 책, 148쪽.
17) 이형기,『당신도 시를 쓸 수 있다』, 문학사상사, 1991, 125쪽.

결합되더라도 본래의 의미를 상실하지 않으면서, 서로 다른 세계가 엇갈려 접하는 순간 전혀 새로운 제3의 문맥18)이 생기는 것이다. 각기 다른 의미를 거느린 채 결합되면서 이전보다 새롭고 폭넓은 의미세계를 만들어내는 데 효과적인 언어 결합 방법이 은유다.

구슬이나 밀은 저마다 의미를 지녔다고 할 수 있을지 모른다. 그러나 구슬은 꿰어질 때 보배다. 밀은 수확 운반 가공될 때 빵·라면·만두·과자·케이크 등이 될 수 있다. 이들과 가공 결과는 현격하다. 널린 구슬이나 쌓인 밀은 한낱 낱말 더미나 다름없다. 어떤 언어 단위든 보다 복잡한 언어 단위의 무리지음,19) 즉 시인에 의해 선택되고 다른 세계와 결합될 때 제3의 의미는 창출된다. 은유는 서로 고립된 세계 결합에 참여하며 부분적으로나마 제3의 의미 세계를 창조하는 데 기여한다. 그러나 겨우 한두 마디 손톱이 아름답다고 그 여인을 미인이라 말할 수 없다. 무엇보다 손톱은 손가락에 귀속되며 손가락은 손과 팔의 일부이기 때문이다. 은유를 포함해 비유는 한 작품을 관통하는 모티브로 작용하기도 하지만, 시의 일부 의미 창조에 이바지하고 그 결과는 보다 큰 단위로 편입된다.

　　거미가 쳐놓은 현을 퉁기면
　　울음소리가 난다
　　거미는 울음이 곧 길이고
　　그 길로 집을 만들어
　　나비가 찾아오게 하고 있었다.
　　　　　　　　　　　－ 강진아(안양예고), 「집」 부분(경희대 백일장 대상작품)

이 학생은 거미줄의 진동을 발견했다. 또 이 줄을 통해 이동하는 거미를 관찰한 것으로 보인다. 거미가 이동하는 줄은 곧 거미의 길이다. 그러나 이 학생은 거미줄의 '울음'을 '길'이라 했다. 이런 명명은 호기심을 자

---

18) 이상섭, 앞의 책, 106~107쪽.
19) 로만 야콥슨, 『문학 속의 언어학』, 신문수 편역, 문학과지성사, 1989, 96쪽.

극하는 동시에 뒤따라 이어질 내용에 대한 궁금증을 유발한다. 따라서 이를 바탕으로 해서 새로운 의미의 세계로 발전해야 한다. 그러나 다음 행에서 "그 길로 집을 만"든다고 했다. 울음이 아니라 거미줄로 집을 만드는 것이다. 이는 앞선 명명의 번복이다. 효과를 거두지 못하고 있는 것을 보면 어떤 의도로 보이지 않고, 일차 명명을 감당하기 어려웠거나 혼란을 일으킨 것으로 보인다. 아무튼 거미가 공중에서 줄을 통해 이동하기 때문에 길이라 새로 명명할 수는 있다. 다만 처음 명명에 대한 긴장이 이완되고 전후의 연결이 부자연스럽다. 또 거미집으로 나비가 자발적으로 찾아오게 한다는 것은 거미줄에 걸려 이내 포식자에게 잡혀 죽음을 뜻한다. 그런데도 위 학생은 거미줄로 "집을 만들어 나비가 찾아오게" 한다고 진술했다.

  시의 각종 구절이나 문장 속에 구사되는 은유는 비논리적이고 거짓진술이다. 그럼에도 정확한 진실만을 말하는 논리적 진술보다 더 감동적이고 아름다움과 여운을 남긴다. 그물망 같은 거미줄에 벌레가 붙어 파닥거리는 진동을 느끼고 거미가 나타나기 때문에 길이라 할 수 있지만, 그런 사실보다 거미줄의 울림 또는 거미줄을 길이라는 은유가 창조하는 세계는 분명 새롭다. 이들이 결합되기 전에 '울음'이나 '길'의 의미가 제한적이었다면 이들을 결합시켰을 때는 보다 확장된 의미의 세계로 발전된다. '울음'이 사람과 사람, 마을과 마을을 연결하는 '길'과 결합되면서 여러 가지 수반되는 의미를 연상하게 한다. 그 가운데 위 학생은 집을 선택했고, 거미는 투명한 거미줄로 기하학적 문양의 집을 만든다. 그리고 나비더러 반짝이는 길을 따라 제 집으로 오라고 부르는 것이다. '길'에서 투명하게 반짝이는 '집'으로, 다시 '나비'를 초대하는 세계로 계속 확장 발전된다. 은유는 이런 단초를 마련한다.

  비밀이었다.
  사람들은 모른다,

그 안에 왕이 잠들어 있는지.
…(중략)…
고개를 들지 못한 그는
눈물 한 바가지를
등에 짊어지고 있다.

— 김자비(안양예고), 「꼽추」 부분(시립대 백일장 장원 작품)

'비밀이었다.'의 주어는 생략되었지만 제목으로 쉽게 본의를 유추할 수 있다. 둥그렇게 솟은 꼽추의 등은 왕이 잠들어 있는 무덤이다. 화자는 그 사실을 알고 있지만, 사람들에게는 그 속에 무엇이 들어 있는지 알 수 없는 비밀이다. 어떻든 '비밀'의 본의는 '꼽추의 등'인데, '비밀'은 부피도 없는 추상적 관념이다. 「집」은 구체적인 두 세계 사이에 은유가 다리를 놓았다. 이에 비해 이 학생은 전혀 실체를 드러내지 않는 추상적 세계와 구체적 세계를 연결시켰다. 바로 꼽추의 등과 '비밀'을 은유로 결합시킨 것이다. 한 번 구사한 은유가 한 작품 저변에 시종 일관하는 작품도 많다. 그런데 이 학생의 경우 꼽추의 등을 '한 바가지의 눈물', '왕릉'으로 변형시키는 기지가 흥미롭다. 외형상 둥글게 솟은 등을 '왕릉'에 비유하거나, 몸이 온전치 못한 사람의 비애를 내포하고 있는 '눈물 한 바가지'를 등에 짊어졌다는 표현이 눈길을 끈다. 상상력은 역시 학생다운 발상이며 유추라고 하겠다. 이는 본의와 유의 사이의 거리 문제로 그 유사성이 쉽게 간파되기 때문이다.

한편 은유는 인간의 머릿속에나 존재하는 같은 추상적 세계를 연결시키기도 한다. 김춘수는 「나의 하나님」에서 "사랑하는 나의 하나님, 당신은/늙은 悲哀다", "대낮에도 옷을 벗는 어리디어린/순결이다"라고 진술하였다. 초자연적인 현상이나 알 수 없는 세계에 대한 인간의 공포·의문·소망 등 여러 가지 심리가 복합적으로 작용해 창조한 존재가 신이라 한다면, 분명 추상적 존재이다. 비애와 순결 역시 추상적 세계이다. 김춘수는 이들을 거침없이 연결시키며 새로운 경지를 개척한 것이다. 일상생활에서도 흔히 사용되는 비유는 시의 전유물이 아니다. 이런 은유는 진부하고 독창적인 은유가 아니기 때문에 관심 대상이 되지 못한다. 또 두 세계 사이의 거리가 가까워 유사성이 곧 발견될 수 있는 은유는 그만큼 효과가 감소된다. 이와 달리 휠라이트가 주장한 병치은유[20])처럼 두 세계 사이의 거리가 멀어 유사성을 발견하기 지극히 어려울 때, 긴장과 충격을 주고 상상력을 자극할 수 있지만 상대적으로 난해성의 문제도 남는다. 따라서 적절한 거리 조절은 필수적이다.

 이것을 이것이라 말하지 않고 저것이라 명명하는 은유는 단순히 유의가 본의를 대치하는 것으로 의미나 기능이 종결되는 것이 아니다. 이들은 상호 보완적인 기능을 하며 스스로 제3의 의미 세계를 창조한다. 독자적으로 하나의 세계를 형성하지만 전후로 연결되면서 발전해 한 편의 시 전체 구조에 기여한다. 고립된 채 재료에 불과했던 두 세계를 선택하고 결합시켜 본래 서로가 지닌 뜻을 포함하면서 보다 새롭고 더 발전된 의미의 세계를 창조하는 데에 효과적으로 사용되는 시의 표현 기법이다. 존재를 관념으로 만나면서부터 인간과 존재 사이에 거대한 벽이 형성된다. 벽은 존재를 고립시킬 뿐 아니라, 존재가 지니고 있던 참된 의미는 고사하고, 약동해야 할 존재들은 생명을 잃고 만다. 관념으로 못 박힌 시각의 파괴는 버려진 재료에 불과했던 존재와 직접 대면하는 것이다. 그리고 사물과 사물·인간과 세계 사이에 소통을 재개하고, 나아가 보다 커다란 우주 창조에 기여하는 것이 진정한 은유이다.

3) 의인화(의인법)

 인간을 둘러싸고 있는 사물들이 우주의 일부이듯 인간도 우주 속 하나의 존재다. 그러나 인간은 이성적 사고에 힘입어 과학을 발전시키며 자연을 이용하고 그 위에 군림해왔다. 모든 사물들을 단지 사물로 인식하면서 대상에 대한 경이로움은 사라졌고 그들과의 교감도 단절되었다. 이는 우

---

20) 김용직, 앞의 책, 125~127쪽.

주로부터 인간의 고립을 뜻하며 화석화된 인간, 비인간화로 치닫는 것을 의미한다. 시인은 감정 없는 세계로 인간의 삶이 전락하는 것을 용납하지 않는다.

의인화는 무생물이나 추상적 관념이 마치 인간적인 속성이나 감정 및 생명이 주어져 있는 것처럼 이야기[21]하는 비유의 한 방법이다. 생명이 없는 사물을 생물화하고, 생물을 의인화하거나, 추상적 존재를 인간화하는 비유다. 이런 비유 발생의 과정에는 삼라만상이 생명과 영혼을 가졌다는 물활론(物活論)이나 신성을 가졌다는 범신론(汎神論)과 같은 원시적 사상이 동기로 작용한 것이라 할 수 있다. 우주 속에 있는 모든 사물이나 있을 것이라 여겨지는 존재에 인격을 부여하고 인간 감정을 이입시켜 인간과 친밀감, 일체감, 동일감을 느끼게 하는 의인화는 물론 비논리적 세계다. 그러나 단절된 추상적 관념과 인간을, 인간과 사물 사이의 회복할 수 없는 거리를 극복하고 서로를 교감할 수 있게 하는 것이다.

사물을 인격화하는 방법을 동화(assimilation)와 투사(projection)로 구분[22]하기도 한다. 동화는 사물이나 세계를 시인 자신 속으로 끌어들여 인격화하는 방법이다. 시를 흔히 세계의 자아화[23]라 할 때 바로 이러한 사고의 과정과 결과를 말한다. 투사란 동화와 반대로 시인 자신을 세계와 사물 속에 상상적으로 투여하여 그것들을 인격화하는 방법을 말한다. 그러나 의인화를 세분화해 시의 어느 한 부분이 투사에 의한 결과인지 동화에 따른 것인지 구분하고 논의한다는 것은 큰 의미가 없어 보인다. 결과적으로 동화건 투사건 세계나 사물을 인격화하는 것은 동일하고 우열을 논할 수 없기 때문이다. 또 세계와 단절, 고립, 갈등 관계의 극복과 우주와의 의사소통을 지향한다는 것은 명백하다.

---

21) M.H. 에이브럼즈, 앞의 책, 104쪽.
22) James. L. Calderwood, *Forms of Poetry*, Premic-Hall, 1968, 9쪽.
    조태일, 『시창작을 위한 시론』, 나남출판, 1994, 111쪽에서 재인용.
23) 김준오, 『시론』, 삼지원, 1991, 130쪽.

> 허리 아픈 물줄기가 등받이에 기대자
> 물수제비를 뜨던 하늘이
> 슬몃 건너편 산을 데려와 앉히기 시작했다.
>
> 제 울음에 기댈 수밖에 없는
> 다리가 부러진 나무 의자에
> 둥지인 양 물고기들이 서서히 모여들었다.
> ─ 유종인, 「저수지에 빠진 의자」 부분

다리가 부러져 더 이상 의자로서 기능을 상실하자 저수지 물 속에 버려진 나무의자를 소재로 쓴 작품이다. 어느 골짝에선가 발원한 물줄기가 먼 곳을 돌아 비로소 도착한 곳은 저수지다. 물줄기는 생명을 갖추지 못한 존재다. 더욱이 의자와는 무관하다. 둘의 관계는 다만 쓸모없는 의자가 버려진 곳이 저수지 물 속이라는 것밖에 없다. 물줄기가 인간적 속성을 갖고 있는 것도 물론 아니다. 그러나 서로 단절된 두 세계 사이에 시인은 관계를 형성하면서 전혀 새로운 의미를 창조한다. 새로운 세계를 여는 데 모티브를 제공한 것은 의인화다. 마치 인간과 같이 먼 곳을 쉬지 않고 달려왔기 때문에 물줄기는 허리가 아프리라 상상한 것이다. 존재를 개성적으로 포착하고 의인화함으로 다리가 부러져 버려진 의자에 기대는 물줄기라는 흥미로운 세계를 창조하고 있다. 의인화는 뒤이어 새로운 대상에게 접근한다. 하늘과 산을 의인화하는 데까지 발전하면서 시상을 확장시킨 것이다. 나아가 의자도 의인화해 소외된 사물에 대한 연민과 그것이 부활하는 세계로 독자를 이끌고 있다. 이 작품에서는 의인화가 주된 표현기법으로 쓰였고 중요한 기능을 하고 있음을 알 수 있다.

> 안개 끼는 날이면
> 전설로 잠긴 마을 하나 고개를 든다
> …(중략)…
> 태양이 자박자박 걸어 들어간 수면 위로

풍덩 뛰어드는 별빛
언니의 신음은 안개가 되고
점점 깊어지는 어둠 속으로 어질어질 하던
마음은 디딜수록 허물어져만 갔다
- 홍지희(안양예고), 「운문, 그 물빛 이야기」 부분

 인용한 작품에서도 사물에 인격을 부여해 개성적 세계를 창조하고 있는 것을 확인할 수 있다. 태양이 자박자박 물을 밟고 걸어 들어갔다거나, 별(빛)이 풍덩 뛰어든다는 표현 역시 매우 구체적이고 선명한 이미지로 생동감을 느끼게 한다. 감동의 근원은 의인화에 있다. 또 안개가 끼는 날이면 마을이 고개를 든다고 했다. '마을'은 물론 구체적 세계이다. 그러나 '전설로 잠긴'의 수식을 받는 마을은 어떤 마을일까 호기심과 상상력을 자극하면서 여러 갈래 의미가 파생된다. 그뿐이 아니다. '마음'은 추상명사인데 이것이 "허물어져만 갔다"고 한다. '허물어지다'는 쌓인 물건이 무너지는 것을 뜻한다. 이는 의인화와는 상반되게 인간의 심성을 사물의 어떤 현상에 빗대는 의물화(擬物化)라 할 수 있다. 의인화와는 형태가 정반대로 되어 있는 의물화도 의인화로 간주될 때[24] 비록 고등학생의 작품이지만 구사하는 기법이 간단하지 않다. 의인화를 통해 관념까지 인격을 부여해 대상을 구체화하고 감각적으로 떠올리도록 한다. 그런 부분적 표현이 환기하고 생산하는 새로운 의미와, 그것과 전후로 연결되는 문맥에 따라 전개되는 세계가 감동을 준다. 즉 인간의 경험을 함축적으로 표현하여 직접 말하는 것보다 더 많은 것을 말할 수 있는 것[25]으로 이는 비유 활용으로 얻을 수 있는 효과다. 이미 물 속에 잠겼거나 떠나온 마을로 보이는 '운문'의 풍경과 화자의 슬픈 기억 속으로 독자를 이끌면서 많은 여운을 남기는 것이다.

---

[24] 이형기, 앞의 책, 147쪽.
[25] 김욱동, 『문학이란 무엇인가』, 문예출판사, 1996, 130쪽.

>   한때는 소중했던 내 유년의 기억들이
>   우물 밑바닥 깊이
>   밑창 뜯어진 슬리퍼처럼 가라앉고 있었다.
>   내가 두 손으로 건져내 어루만지자
>   그것들은 심호흡을 하고
>   서로에게 위로의 말을 건넸다.
>
>   ─김명희(안양예고), 「우물」 부분(『문학사상』 백일장 대상 작품)

　　인용한 작품 역시 주된 수법은 의인화다. 대상은 "두 손으로 건져내 어루만지"는 "유년의 기억들"이라는 관념이다. 유년의 기억을 곱게 두 손으로 건져내다니? 기억은 건져낼 수도 없거니와 어루만질 수도 없지만 의인화시켰을 때 가능하다. 또 우물에 빠져 가라앉고 익사하던 기억들을 건져내 어루만져 회생시킨다는 것도 의외다. 회생한 단편적 기억들이 서로 위로의 말까지 건넨다. 의인화를 통해 전개되는 세계가 관심을 끈다. 관념에 인격을 부여해보고 만지고 숨쉬며 말할 수 있는 대상으로 변화시키는 의인화의 효과를 새삼 확인할 수 있다. 또 직유와 은유도 의인화로 표현되어 있는 것이 압도적인데[26] 실질적으로 직유가 쉽게 의인화와 결합하는 부분도 발견된다. 기억들이 우물 밑바닥 깊이 슬리퍼처럼 가라앉고 있다는 직유의 바탕에는 부지불식간에 의인화가 개입되어 있다. 유년의 기억을 마치 슬리퍼와 같이 가라앉힐 수 있는 사물과 비교하는 의인화와 직유의 결합을 통해 화자가 말하고자 하는 뜻을 복합적으로 표현한 것이다. 생명체로 부활한 관념이 서로 위로의 말을 건네는 전혀 뜻밖의 세계를 만들어냈다. 이처럼 의인화는 추상적 관념까지도 생명체로 변화시키며 인간과 함께 교감하도록 통로를 개설한다.

　　의인화는 일상생활에서도 다양하게 쓰인다. 시인이 감동한 만큼 독자를 감동시키기 위해서는 일상적으로 사용되는 상투적인 의인화, 이미 다른 시인이 사용한 비유로는 불가능하다. 이미 한 번 사용된 비유는 그것

---

26) 이형기, 앞의 책, 139쪽.

으로 제 몫을 다하고 효용가치를 상실한다. 상징은 한 편의 작품에서 여러 차례 반복해 쓰이지만 상징과 달리 비유는 일회적으로 사용된다. 이것의 재활용은 이미 앞에서 아름다웠더라도 그것의 감동마저 반감시키고 만다. 따라서 시인에게는 부단하게 독창적인 비유를 창조해야 하는 고뇌가 따른다. 한편 감상에 함몰된 나머지 시인의 일방적인 감정을 대상에 투사하는 의인화는 오히려 대상을 곡해하고 독자를 오도·현혹하는 것으로, 경계해야 할 일이다.

 의인화는 삼라만상과 관념까지도 생명이나 인간성을 부여해 활동하게 하고, 대상을 부르며 대상이 하는 말에 귀기울이는 비유의 한 방법이다. 우주에 존재하는 모든 존재를 현실적인 의미와 관계 속에서 바라보면 사물은 사물일 뿐이다. 세계를 사물로 보는 것에 습관화된 사고를 깨뜨리고 대상에 인간성을 부여할 때, 사물에 불과하던 것이 어떻게 변화하는지 살펴보았다. 물줄기는 허리가 아프고 의자 등받이에 기대기도 했으며, 하늘이 물수제비를 뜨고 산을 데려다 의자에 앉히는 것을 보여주었다. 마을이 고개를 들었고, 태양은 자박자박 소리를 내며 물 속으로 걸어 들어갔다. 그 물 속으로 작고 반짝이는 맑은 별이 퐁당 뛰어들기도 한다. 한편 물 속에 가라앉아 죽어가던 유년의 기억들을 소중하게 두 손으로 건져내 어루만져주자 이들은 회생하고 서로 말을 건네기도 하였다. 아무런 감정 없는 세계, 한낱 사물들이 저렇게 약동하는 것이다. 이런 세계를 아름답다 하지 않을 수 없을 것이다. 새로운 경지를 열어 보이고 세계를 새롭게 인식하게 하며 아름다움과 감동을 주는 것이 분명하다. 여기에 중추적 기능을 담당한 것이 의인화였고, 의인화를 통해 얻을 수 있는 효과다. 의인화는 더 근본적으로 고정관념으로 구속되었던 언어를 석방시키는 것이다. 관념에 의해 단절되었던 사물과 사물 사이, 인간과 존재 사이의 관계를 복원하며, 보다 거대한 세계 창조의 원동력으로 작용한다.

■ 홍우계

제5장 ● ● ●

시의 상징

1. 상징의 의의

　시를 구성하는 중요한 요소 중의 하나가 바로 상징이다. 그래서 모든 시는 의도적이건 결과적이든 간에 작품 안에서 상징을 갖게 된다. 시라는 형식의 작품에서, 정도의 차이가 있기는 하지만 상징이나 상징으로 해석될 수 있는 요소가 전혀 없는 시는 존재하지 않는다고 하여도 과장은 아닐 것이다.
　'상징'은 '짝맞추다(to put together)'를 의미하는 희랍어 동사 심벌레인(symballein)을 어원으로 한 영어의 심벌(symbol)을 번역한 말이다. 이는 '표시(mark)', '증표(token)', '기호(sign)' 등을 뜻하는데, 간략한 어원적 고찰에서도 상징이 어떤 표시나 증표의 '짝맞춤'에 의해 성립된다는 사실은 쉽게 드러난다. 오래된 신화나 이야기 속에서 먼 길을 떠나게 되는 아버지가 자신의 부인에게, 쪼개진 동전이나 거울을 주며 후에 아들이 자라서 자신을 찾게 되면 아들이란 증표로 이것을 전해주라고 한다. 그리고 세월이 흘러 장성한 아들은 자신의 정체성에 대해 의심을 갖게 되고 결국 험난한 여정을 거쳐 아버지를 찾게 되고 동전이나 거울의 반쪽을 서로 맞추어 보고 그들이 부자(父子)임을 확인하게 된다. 이것이 바로 고대 희랍에서 행해졌던 '짝맞춤'의 구체적 사례라 할 수 있다. 이러한 짝맞춤은 비록 반쪽의 거울이나 동전일지라도 다른 반쪽까지를 지시하고 포함하게 된다는 결과를 전제로 하고 있다. 즉 아들에게는 반드시 아버지가 있다는 뜻이 되기도 한다. 이것은 전면에 노출된 어떤 것이 감추어져 있는 다른 무엇을 대신할 때 가능한 현상과 논리로서, '짝맞추다'를 어원으로 하는 상징의 가장 포괄적인 정의는 바로 '그 자체로써 다른 것을 대신하는 사물 일체'라고 규정할 수 있다.

  이러한 짝맞춤의 상징은 우리 일상생활에서 무수하게 발견할 수 있다. 화폐나 신호등이 가장 비근한 예인데, 우선 화폐의 경우 그것이 종이이거나 쇠붙이일 경우에도 불구하고 일정한 경제적 가치를 대신하고 있다는 사실에 주목할 필요가 있다. 또한 번잡한 거리에 서있는 신호등의 빨간 불은 '가시오', 초록 불은 '서시오'를 뜻하며, 아침해는 희망, 대나무는 절개라는 식의 통념적 인식 혹은 사회적 구성원이 사회화의 과정을 통해 학습한 개념적 약정을 상징이라고 할 수 있다. 상징은 놀이터 모래사장에서 노는 아이들의 손에 쥐어진 나무토막에서도 만들어지는데, 아이들이 가지고 노는 나무토막이 아이들에게 단순히 나무의 토막이 아니라 자동차가 되기도 하고, KTX 열차가 되기도 하고, 우주선이 되기도 하는 상황이 그렇다. 이렇게 상징은 인간의 대사회적 약정 속에서 만들어지거나 토템의 원형적 유산 속에서 읽혀지면서 진화해왔다.

  그러나 문학적 측면에서의 상징은 그 영역이 제한된다. 우선 상징과 그 대상과의 관계가 1:1의 단순 인위적 약속이 되는 것은 상징이 아니라 기호라고 정의한다. 그래서 거리의 신호등이나 수업시간을 알리는 벨소리 등은 상징의 영역에서 제외되는 기호의 예가 된다. 좀더 구체적으로 살펴보자면 이렇게 상징이 아닌 기호들의 관계에는 상상력의 적용인 연상적 유추가 개입할 수 없다. 즉 그것들은 그냥 그렇게 정해진 단순한 사회적 약속일 뿐 그것에 대한 논리적, 유추적 설명을 거부하기 때문이다.

횡단보도 앞 신호등에 빨간 불이 켜졌을 때, 길을 건너지 않는다는 것은 대사회적 약속일 뿐, 다른 유추적 정황이나 설명의 여지는 없다. 대신 대나무를 '절개'의 상징으로 보거나 아침에 떠오르는 해를 '희망'의 상징으로 보는 것은 위의 경우와 다르다. 이것들의 관계에는 연상적인 유추로써 설명할 수 있는 가능성을 지니고 있기 때문이다. 이를테면 대나무는 눈이 내리는 한겨울에도 제가 지닌 푸른빛을 버리지 않기 때문에, 사철 푸르다는 속성이 절개의 변치 않는 마음과 같다는 식으로 서로의 동일성을 연상적으로 유추할 수 있는 가능성이 이 둘의 관계 배후에 잠재해 있는 것이다. 아침의 '해'가 '희망'의 상징이 되는 것은 밤의 어둠을 물리치고 세상에 광명을 주는 사실적 유추에 근거를 두고 있다.

이러한 상징은 원관념을 감추고 보조관념만을 드러내는 은유의 일종이라고 할 수 있는데, 달리 말하면 상징은 원관념이 생략된 은유라고 말할 수 있다. 이렇게 원관념이 생략된 까닭에 상징은 오히려 풍부한 영역을 장악할 수 있게 되는데, 이때 상징은 눈에 보이는 현실의 사물을 통해 감추어진 세계, 즉 보이지 않는 초현실의 세계를 지시할 수 있는 것이다. 초현실의 세계는 복잡 미묘한 정신적 세계이기 때문에 얼마든지 다양하게 해석을 할 수 있으며, 이때 상징은 '지시'가 아니라 일종의 '암시'의 역할을 하게 된다. 기호가 지시 대상과의 일대일 관계를 유지한다면 다양한 해석의 가능성을 안고 있는 암시는 본질적으로 1 : 다(多)의 관계를 전제한다. 물론 상징적 의미가 오랜 세월을 거친 관습적 사용으로 인해 죽은 비유처럼 더 이상의 신선함과 풍요로운 연상을 주지 못하고 또 다른 하나의 기호로 변질될 수도 있다. 대나무와 절개, 혹은 비둘기와 평화처럼 말이다. 이런 까닭에 상징과 기호의 차이를 명확하게 가려내기 어려운 경우도 적지 않다.

2. 상징의 속성

상징의 기본적 속성은 첫째 양면성, 둘째 다의성, 셋째 암시성, 넷째 문맥성을 들 수 있다. 앞서 상징이 은유의 형태를 취하고 있다는 것을 지적하였다. 이는, 상징이 노출된 보조관념을 통해 감추어진 원관념을 찾도록 유도하고 요구하는 표현임을 말하기도 한다. 그렇기 때문에 상징은 태생적 조건으로 '감춤'과 '드러냄'이라는 양면성을 지니게 된다. 이러한 속성 때문에 다양한 해석을 가능케 하는 다의성(多義性)과 암시성을 갖게 되는 것이다. 상징의 이 두 가지 속성은 '감춤'과 '드러냄'의 양면성에 기인하는 필연적 귀결이다. 따라서 상징은 일정 부분의 모호성을 갖게 된다. 이처럼 상징의 감추어진 일면을 모호한 상태로 내버려둔다면 현실적 사물에 대한 정신적 대응, 즉 유추적 연상이 제한되고 만다. 때문에 상징은 현실의 사물을 통해 초현실의 영역에 속하는 정신적 세계를 찾도록 요구한다. 이때 초현실의 세계는 다양한 내포(內包)를 갖게 된다. 해석의 주체가 지닌 축적된 경험의 세계라든가 입장, 관점 등에 따라 상징에 대한 해석은 다양해지고 이렇게 여러 가지 해석이 가능한 상징의 이 다의성은 또 상징의 암시성으로 연결된다.

    우리가 물이 되어 만난다면
    가문 어느 집에선들 좋아하지 않으랴.
    우리가 키 큰 나무와 함께 서서
    우르르 우르르 비 오는 소리로 흐른다면.

    흐르고 흘러서 저물녘엔
    저 혼자 깊어지는 강물에 누워
    죽은 나무 뿌리를 적시기도 한다면,
    아아, 아직 처녀인
    부끄러운 바다에 닿는다면.

그러나 지금 우리는
불로 만나려 한다.
벌써 숯이 된 뼈 하나가
세상에 불타는 것들을 쓰다듬고 있나니

만리 밖에서 기다리는 그대여
저 불 지난 뒤에
흐르는 물로 만나자.

푸시시 푸시시 불 꺼지는 소리로 말하면서
올 때는 인적 그친
넓고 깨끗한 하늘로 오라.
―강은교, 「우리가 물이 되어」, 전문

 위의 시는 '물'과 '불'의 상징적 이미지를 통해 형상화한 작품으로 '물'은 단순히 물리적 차원의 것이 아니라 우리에게 새로운 해석을 요구하는 하나의 상징으로 자리하고 있다. 그렇다면 이 '물'의 상징적 의미는 무엇인가. 이 시에서 '물'은 '나'와 '그대'라는 고립된 개체들을 합일시킬 수 있는 매개체적 상징이자, 동시에 '가뭄'으로 표상된 삶의 고독을 해소시킬 수 있는 상징적 의미를 지니고 있다. 또한 '물'은 '죽은 나무뿌리를 적시'는 생명의 상징이기도 하다. 여기에서 우리는 상징이 갖는 감춤과 드러냄의 양면성을 발견할 수가 있는데, 드러나 있는 것은 '물' 자체이지만 감추어져 있는 것은 고독의 해소, 생명의 기원이라는 의미적 내용이다. 한편 '불'은 삶의 기본 원리가 되는 '물'의 이미지와 대비되는 것으로, 그 상징적 의미는 현실 세계의 부조리와 모순에 맞서는 대결의 정신을 의미한다. 그리하여 화자가 지향하는 '넓고 깨끗한 하늘'이란 바로 완전한 합일과 충만한 생명을 맛볼 수 있는 공간으로 새로운 창조적 만남의 장소를 상징한다. 불이 모든 것을 깨끗이 태우고 지나간 후에 '넓고 깨끗한 하늘'에서 만나자는 것은 단순한 연인이나 친구가 아닌, 원시적 생명력과의 만남, 합일에 대한 희구라고 할 수 있겠다.

물론 물의 상징적 의미가 꼭 위에서 설명한 바와 같이만 해석되어야 한다는 법은 없다. 상징으로서의 '물'은 여러 가지 다른 해석도 이끌어낼 수 있기 때문이다. 이러한 상징의 의미내용은 밖으로 명확하게 드러나지 않는다. 그러나 우리는 그것을 시의 전체적인 문맥 속에서 상상적으로 유추할 수 있다. 이는 상징의 또 다른 속성이 문맥성(文脈性)이기 때문이다. 즉 동일한 사물이라 하더라도 그것이 갖는 상징적 의미는 작품의 전체적 문맥에 따라서 그 내용을 달리하게 된다. 이미지나 비유가 시의 부분적 표현물이 될 수는 있으나 상징은 언제나 시의 전체적 문맥 속에서만 비로소 온전한 기능을 발휘할 수 있는 것이다.

3. 상징의 종류

상징은 크게 두 가지 종류로 구분된다. 즉 대중적 상징(public symbol)과 개인적 상징(private symbol)인데, 대중적 상징이란 그 의미가 사회적으로 공인되어 있는 것을 말한다. 즉 대나무는 절개, 태극기는 대한민국, '붉은 악마'는 대한민국 축구 국가대표팀 서포터즈 클럽 등이 모두 대중적 상징이다. 이러한 대중적 상징은 다시 습관적 상징과 제도적 상징으로 나누어진다. 습관적 상징은 생활 경험을 쌓아가는 동안에 습관적으로 형성된 것이며, 제도적 상징은 어떤 제도에 의해 성립된 것으로 그 제도에 속해 있는 사람에게만 의미가 있다. 이러한 제도적 상징이든 습관적 상징이든 대중적 상징이든 모두 사회적으로 공인된 것이기 때문에 독창성이 없다. 이때의 상징적 의미는 대체로 고정되어 있기 때문이다. 그러나 개인적 상징은 이와는 달리 개인이 독창적으로 만든 상징으로 독창성을 존중하는 예술작품에 있어서는 개인적 상징이 상징의 주종을 이루게 된다.

왜냐하면 그 의미의 유추에 복잡한 연상작용이 수반되기 때문이다.

물론 다의적인 상징의 의미는 물론 한마디로 명쾌하게 설명할 수 없다. 설명될 수 없는 그 미지의 부분, 달리 말하면 어떤 신비의 세계는 암시적 방법에 의해서만 표현이 가능하다. 암시성은 상징의 본질적 속성이다. 상징이 감춤과 드러냄의 양면성을 갖는 것도 이 암시성과 밀접하게 연관되어 있다.

이에 반해 개인적 상징이 상징의 주조를 이루기는 하지만 시에서는 대중적 상징이 쓰일 수도 있다. 그리고 그 대중적 상징에 시인의 독자적 해석이 첨가되면 그것은 역시 개인적 상징으로 전환될 수 있다. 우리는 시에서 대중적 상징이 시인에 의해 개인적 상징으로 전환된 예를 찾아볼 수도 있다.

시인이 자신의 작품에서 못을 이용하여 가슴에 박힌 원망과 한을 이야기했다면 그것은 습관적 상징에 해당하는 것이고, 봄의 한창인 4월과 5월의 풍경을 형상화하였지만 그 안에 이 땅의 참다운 자유와 평등, 민권과 민주의 시대를 열기 위해 몸부림쳤던 역사를 그렸다면 '사월'과 '오월'은 단지 봄의 절정인 계절적·물리적 시간의 한때를 이야기하는 것이 아니라 이 땅의 민주주의를 말하는 것이다. 이때 '사월'과 '오월'은 우리나라의 한정된 제도 안에서만 가능한 상징이기에 제도적 상징이라 할 수 있다. 다음의 시를 살펴보자.

> 못을 뽑습니다
> 휘어진 못을 뽑는 것은
> 여간 어렵지 않습니다
> 못이 뽑혀져 나온 자리는
> 여간 흉하지 않습니다
> 오늘도 성당에서
> 아내와 함께 고백성사를 하였습니다
> 못자국이 유난히 많은 남편의 가슴을

아내는 못 본 체하였습니다
나는 더욱 부끄러웠습니다
아직도 뽑아 내지 않은 못 하나가
정말 어쩔 수 없이 숨겨둔 못대가리 하나가
쏘옥 고개를 내밀었기 때문입니다
―졸시, 「고백성사」 전문

봄의 번성을 위해 싹틔운 너는
나에게 개화하는 일을 물려주었다
아는 사람은 안다
이 세상 떠도는 마음들이
한 마리 나비 되어 앉을 곳 찾는데
인적만 남은 텅 빈 한길에서 내가
왜 부르르 부르르 낙화하여 몸 떨었는가
남도에서 꽃샘바람에 흔들리던 잎새에
보이지 않는 신음소리가 날 때마다
피같이 새붉은 꽃송이가 벙글어
우리는 인간의 크고 곧은 목소리를 들었다
갖가지 꽃들 함께 꽃가루 나눠 살려고
향기 내어 나비 떼 부르기도 했지만
너와 나는 씨앗을 맺지 못했다
이 봄을 아는 사람은 이 암유도 안다
여름의 눈부신 녹음을 위해
우리는 못다 핀 꽃술로 남아 있다
―하종오, 「사월에서 오월로」 전문

    이 두 시에서 사용된 두 개의 상징은 그 의미가 일반적으로 알려져 있는 상투적 내용을 전제로 하고 있지만 꼭 상투적이지만은 않다. 앞에서 잠시 언급한 대로 '못'은 단지 뉘우쳐야 할 잘못을 가리키며 남의 가슴에 못박는 일을 지칭하지만은 않는다. '못'에는 손에 박히는 노동의 못이 있고, 가슴에 박히는 한의 못도 있고, 시대가 주는 상처의 못도 있으며, 성

(性)적 상징의 못, 역사의 못, 여수 그리스도가 상징하는 수난, 희생 순교로서의 십자가의 못도 있다. 특히 이 작품에서의 못은 뉘우쳐야 할 부끄러움을 이야기하고 있다. 또 '사월'과 '오월' 역시 푸르른 녹음의 봄날을 예찬하는 것이 아니다. '사월'은 이 땅에 자유민주주의의 횃불을 지핀 4·19 혁명의 상징이고 '오월'은 자유평등의 실천운동인 1980년 광주민주화운동의 상징이다. 보들레르의 '사월'과 하종오의 '사월'이 다른 까닭은 그들이 놓인 제도적 배경이 다르기 때문이다. 이러한 의미적 변화는 화자가 일반적인 대중적 상징에 자신의 개성적 해석도 새롭게 더한 결과로, 대중적 상징이 시인의 개인적 상징으로 탈바꿈되었음을 보여주는 좋은 예라 할 것이다. 그리고 이러한 탈바꿈은 대중적 상징이 작품의 독특한 문맥 속에 놓여있을 때 이루어질 수 있는 확률이 높다. 이른바 상징의 재문맥화(再文脈化)이다. 시인은 이러한 재문맥화를 통해 개성적 의미를 획득하게 되고, 이때의 대중적 상징은 시인 개인에 의해 만들어진 개인적 상징과 동일한 비중을 갖는 것이다.

위에서 살핀 상징의 종류 중, 대중적 상징은 그 의미가 사회적으로 공인되어 있는 만큼 일정의 보편성이 전제되어 있다고 말할 수 있다. 그러나 국가나 민족, 문화의 차이가 그러한 보편성을 제한하는 경우도 적지 않다. 이를테면 앞서 지적한 보들레르의 '사월'과 우리의 '사월'이 각기 다른 상징인 것처럼, 붉은 색이 우리에게 정열의 상징이지만, 중국 사람들에게는 평화의 상징으로 읽히기도 한다. 바로 이러한 예가 지역적 문화적 차이 때문에 대중적 상징의 보편성이 제약을 받는 경우라고 하겠다.

물론 이러한 한계를 넘어 전인류가 모두 공감할 수 있는 전인류적 보편성을 갖는 상징도 있다. 즉 동서고금을 막론하고 아침의 떠오르는 태양은 모든 인간에게 '희망'의 상징으로 읽히며, 그믐의 어둠은 이와 반대로 읽힌다. 이렇게 인류의 역사적 궤적을 함께 공유해온 사람들에게 동일하거나 비슷한 의미로 통하는 상징을 원형상징(archetypal symbols)이라고 한다. 대중적 상징과 집단적 상징의 경계에는 인류의 동일한 심리적 반응을 이끌어내거나 이를 문화적 기능으로 전제한 원형상징이 있는데, 이러한 원형상징에는 인류 전체의 사회화과정에서 축적된 학습 이전의 원초적 경험이 잠재되어 있다.

우선 원형이란 사물들의 기본적인 틀을 의미한다. 비록 동일한 종류라 할지라도 개개의 구체적 사물은 천태만상으로 다른 모양을 하고 있다. 그러나 그러한 차이에도 불구하고 동일한 종류의 사물은 그것을 고유한 그것으로 있게 하는 어떤 기본 특성을 공유하고 있으며, 이때 그 개별적인 차이를 모두 제거해버리고 공통된 기본 특성만을 추출해낸 것이 그 사물의 원형이다. 이런 측면에서 원형은 사물의 추상화된 관념을 가리키는 것으로만 오해될 우려도 있다.

그러나 원형상징에서의 원형은 관념을 지칭하지 않는다. 물론 그 원형적 의미를 굳이 해석하자면 당연히 관념이 도출되겠지만, 원형 자체로서는 관념 이전의 구체적 사물과 현상을 지칭하는 것이다. 이때 발생하게 되는 상징적 해석의 보편성은 서로의 지역적 거주 특성의 차이에도 불구하고 인류가 갖는 육체적 심리적 구조의 유사성에 기인하는 것이라고 말할 수 있다.

예를 들어 인간은 육체적으로 중력의 지배를 받는 존재이기 때문에 상승작용은 하강작용보다 어려운 것이 보편적 현상이다. 따라서 위로 올라가는 상승의 이미지는 성취와 탁월함과 영광 등의 관념을 연상케 하고, 아래로 떨어지는 하강의 이미지는 실패·곤경·좌절 등의 관념을 연상하게 만든다. 이러한 상승·하강과 관련되는 여러 이미지가 상징으로 해석될 때 우리는 그것을 원형적 상징의 한 유형으로 범주화할 수 있다. 이렇게 원형적 상징이 모든 인간에게 유사한 의미를 갖는 것은 그 상징(사물)이 인간의 원초적 체험 대상이라는 사실과도 밀접하게 관련되어 있다. 이를테면 원시의 상태였던 '하늘'과 '땅' '낮'과 '밤' '물'과 '바람' 등은 모든 인류의 원초적 체험 대상이다. 따라서 누구나 반복적으로 체험할 수밖에 없는 그러한 사물은 또 앞에서 말한 대로 인간의 공통적인 육체적 심리적 구조 때문에 대체로 유사한 해석을 낳게 된다. 즉 '하늘'은 '아버지'나 '남성', '땅'은 '어머니'나 '여성'으로 해석되는 보편적 현상이 그 예에 해당된다. 그리고 이러한 체험의 반복성과 의미의 유사성이 바로 원형적 상징의 본질적 속성에 해당된다.

세계 여러 민족(종족)의 신화·전설·민담 등을 집대성한 『황금가지(The Golden Bough)』의 저자 프레이저는 세계 여러 종족과 민족의 이야기들 속에서 반복적으로 나타나는 공통된 현상을 추적한 바 있는데, 그는 그 공통된 형상이 인간의 원초적 세계해석인 신화의 뼈대를 이룬다고 보고 그것을 원형이라고 기술하였다. 한편 심리학자인 융 역시 집단무의식(collective unconscious)의 이론을 내세웠는데, 이는 프로이트의 개인무의식(personal unconscious)의 이론을 비판적으로 보완하는 것이다. 프로이트의 개인무의식이 개인적 차원의 체험, 특히 유년시절의 체험을 바탕으로 형성되는 잠재의식의 세계라면, 융의 집단무의식은 '역사적인 시기, 사회적 혹은 종족적 집단에 관계없이 원시시대 이후, 초월적인 어떤 힘에 대한 공포와 위협, 그리고 갈등, 남녀관계, 어린이들과 부모와의 관계, 사랑과 미움, 삶과 죽음, 밝음과 어둠의 원초적인 힘, 기타 등등과 같은 보편적인 인간 상황에 대한 인간의 전형적인 반응의 집적(集積)'이다. 융은 이러한 집단무의식 속에 깃들어 있는, 즉 인류적 보편성을 가질 수밖에 없는 이미지(사물)를 '원형'이라고 지칭했다.

원형상징이 시문학 작품에 사용될 경우 일반적으로 주제를 선명하게 부각시키고 아울러 전체적인 표현 효과를 그 주제와 조화될 수 있도록 드높이고 있는 효과를 지닌다. 그러나 이때 사용된 원형상징은 일반적으로 시인의 의도적 선택의 결과라기보다는 그 역시 시인 자신의 무의식적 선택의 결과일 수도 있고, 또 실제로 시인이 스스로 자신의 고유한 개인적 상징을 만들었다고 하나 독자의 눈에는 그것이 원형상징으로 보이는 사례도 많다. 이는 독자가 문맥 안에서 그러한 상징을 잘못 이해한 경우도 있으나 원형상징 자체가 보편성과 일반성을 강조하는 속성을 지니고 있기 때문에 시인의 개성에 입각한 시의 독창성과 특수성이 상대적으로 제한되는 요인이 될 수도 있는 것이다.

■ 김종철

제6장 ● ● ●

반어와 역설

1. 반어의 효과

1) 시적 장치로서의 '숨기기'와 '엇나가기'

'표현의 효과를 높이기 위하여 실제와 상반되는 뜻의 말을 하는 것'이 반어(反語, irony)의 사전적 풀이다. 예컨대 불타는 가뭄에 허덕이는 농부가 어느 날, 잠시 쇠털도 못 적시게 찔끔 내리고 그친 비를 두고, "좀더 내리지, 이게 뭐람!" 하기보다는 "어이구, 푸지게 내렸구먼!" 하는 경우가 바로 반어법이다. 달리 말하면 '숨기기'이고 '엇나가기'이다. 이 농부의 '엇나가기' 속에는 '푸지게 내렸으면 좋겠다'를 '숨기고' 있는 것이다.

이처럼 일상의 우리 언어생활도 반어 없이는 단 하루도 영위되기 어렵듯이 시에서도 '숨기기'와 '엇나가기'의 반어 없이는 시의 격조도 시의 재미도 얻어내기 어려울지도 모른다. 은근히 눙치는 수사법은 언어생활에서는 말할 것도 없거니와 시에서는 재미를 넘어 강력한 서사가 되기 때문이다.

높은 곳은 어둡다. 맑은 별빛이 뜨는 밤하늘을 보면 알 수 있다.

골목에서 연탄 냄새가 빠지지 않는 변두리가 있다. 이따금 어두운 얼굴들이 왕래하는 언제나 그늘이 먼저 고이는 마을이다. 평지에 자리하면서도 도시에서 가장 높은 곳이다. 높이는 전망이 아니다. 흙을 담은 스티로폼 폐품 상자에 꼬챙이를 꽂고 나팔꽃 꽃씨를 심는 아름다운 마음씨가 힘처럼 빛나는 곳이다.

아침노을을 가장 먼저 느끼는 눈부신 정신의 높이를 어둡다고만 할 수 없다.
— 허만하, 「높이는 전망이 아니다」 전문

"높은 곳은 어둡다"거나 "높이는 전망이 아니다"와 같은 표현이 반어의 가장 일반적인 형태이다. '높이'는 곧 '깊이'이고 그 깊이의 어느 한 극단은 '밝음'임이 분명하다. '연탄 냄새가 빠지지 않는 골목'을 빠져나온 '가장 높은 곳'은 '어둠'의 반대편이어야 하는데도 그래서 더욱 어둡다고 주장한다. 또 '높이'가 유지되면 그것 자체가 '바라봄', 즉 '전망'이다. 그러나 시니컬하게도 "높은 곳은 어둡"고, "높이는 전망이 아니"라고 뇌까린다. 그러면서 "스티로폼 폐품 상자"에서 피어날 '나팔꽃'의 '높이'와 '전망'을 내면 깊이 깔아 놓고 있다. '엇나가기'는 항상 '숨기기'를 배후에 두고 있다.

2) 변장 기술로서의 몇 가지 모양새

어원을 들추지 않더라도 반어는 변장(變裝) 기술이다. 따라서 그 변장 기술로서의 몇 가지 모양새를 가려본다.

소금을 파먹고 사는 벌레가 있다

머리에 흰털 수북한 벌레 한 마리가
염전 위를 기어간다 몸을
고무줄처럼 늘였다 줄였다 하면서
연신 소금물을 일렁인다

소금이 모자랄 땐
제 눈물을 말려 먹는다는 소금벌레,
소금물에 고분고분 숨을 죽인 채
짧은 다리 분주하게 움직여
흩어진 소금을 쉬지 않고 끌어 모은다
땀샘 밖으로 솟아오른 땀방울이
하얀 소금꽃 터트리며 마른다

소금밭이 아닌 길을 걸은 적 없다 일생 동안
소금만 갉아먹다 생을 마감할 소금벌레

땡볕에 몸이 녹아 내리는 줄도 모르고
흥얼흥얼, 고무래로 소금을 긁어모으는
비금도 대산염전의 늙은 소금벌레 여자,
짠물에 절여진 세월이 쪼글쪼글하다
―박성우, 「소금벌레」 전문

　여기 나오는 '소금벌레'는 "비금도 대산염전 늙은" 노파라는 사실을 마지막 연에서 밝혀 놓았으나 설령 '여자'라고 밝히지 않았던들 '소금벌레'를 '벌레'로 인식할 사람은 아마 없으리라. "소금물을 일렁이는" 벌레, "소금이 모자랄 때 제 눈물을 말려 먹는다"는 벌레, "소금만 갉아먹다 생을 마감할" 벌레, "땡볕에 몸이 녹아 내리는 줄도 모르"는 벌레……. 그 '벌레'는 벌레만도 못한 삶의 신산함을 "하얀 소금꽃 터트리며" 웅변하고 있다.
　이렇듯 '밝혀진' 소금벌레와 '숨겨진' 노파의 시적 장치로서의 충돌이 주는 팽팽한 느낌을 우리는 언어적(용어적) 반어라 할 수 있을 것이다. 이 시인은 '시작 노트'에서 "세상의 모든 벌레에게는 날개라는 희망이 있다"고 부연하고 있다. "머리에 흰털 수북한" 그 '벌레'도 날개가 있을까?

골리앗크레인으로도 들어올릴 수 없는 구름들

나이가 팔만사천 살쯤은 돼 보이는
누더기 구름들이 석양천(夕陽天)을 흘러간다

눈앞에는 티끌더미처럼 흘러다니는
하루살이 떼의 군무,
몸을 거뜬하게 들어올리는 날개들과
어처구니없게 추락하지 않는 자연스런 비행술

하루살이 눈알에 비치는
일몰 무렵 붉은 하늘은
얼마나 큰 여백이고 불길함인가

오물과 중금속과 거품덩어리가
둥둥 떠내려오는 개천가에
빈 백세주병은 아무렇게나 버려져 있고

얼마나 하찮은 하루들을 살아왔는지
내가 누추하고 장수하는 하루살이 같구나
그래도 오래 오래 살아야 한다면
요절한 신선 팽조처럼
오륙백 살 정도는 살아보고 싶구나
─최승호, 「백세주병이 버려져 있는 해질녘」 전문

1
약속시간 삼십 분을 지나서 연락된 모두가 모였다
우리는 국화꽃잎처럼 둥그렇게 둘러앉아서 웃었다
불참한 이도, 더 와야 할 이도 없었다
식사와 담소가 달그락대고 마음들 더욱 당겨 앉는데

문득 고개가 들린다 아무래도 누가 안 온 것 같다
잠깐씩 말 끊길 때마다 꼭 와야 할 사람 안 온 듯
출입문을 본다 나만이 아니다 다들 한 번씩 아무래도
누가 덜 온 것 같아 다 모인 친형제들 같은데 왜

자꾸 누군가가 빠진 것 같지? 한 번씩들 말하며

두 시간쯤이 지났다 여전히 제비꽃처럼 즐거운데
웃다가 또 문득 입들을 다문다 아무래도 누가 먼저
가버려 맥이 조금씩 빠지는 것 같아 자꾸 둘러본다

2
누굴까 누가 사는 것일까 늘 안 오고 있다가 먼저 간
빈자리 사람과 사람들 사이의 저 기척은 기척뿐
아무리 해도 볼 수 없는 그들에겐 또 기척뿐일까 우리도
생은 그렇게 접시의 빠진 이 아무리 다 모여도
상실의 기척 더 큰 생은

―김경미, 「누가 사는 것일까」 전문

"골리앗크레인으로도 들어올릴 수 없는", "나이가 팔만사천 살쯤 돼 보이는" 구름을 인식하거나, "하루살이 눈알에 비친 붉은 하늘"을 엄청나게 '큰 여백'으로 보는 것은 또 다른 반어의 한 축이 된다. 흘러가는 구름 한 자락이나 하루살이의 비행, 아무렇게나 버려진 빈 백세주병 같은 보잘것없고 하찮은 것에서 자신의 내면을 바라보고 되비쳐보는 반전을 보여준다. 더구나 "얼마나 하찮은 하루들을 살아왔는지/내가 누추하게 장수하는 하루살이 같"음을 확인하는 자기비판적·자기반성적 태도는 언어적(용어적) 반어에 비하면 한층 육중한 울림으로 다가온다.

「누가 사는 것일까」가 보여주는 '존재와 부재'의 내면투시는 정교한 교직물처럼 탄탄한 토대를 구축하고 있다. 처음 만나는 순간부터 존재와 부재가 나란히 어깨동무를 하고, 분명히 있지만 '없고', 없는데도 '있는' 기척과 흔적과 영혼으로 이어지는 한 생애가 "누굴까 누가 사는 것일까", 또한 "다 모여도 상실의 기척 더 큰 생"임을 끊임없이 반추하고 있다. 한층 내면적이고도 구조적 반어의 모양새가 될 것이다.

3) 낮은 어조로 번득이는 진실 기술 기능

반어의 원리는 서로 상충하고 대립하는 기틀을 본질로 한다는 것을 알았다. 그리고 그 상충과 대립의 폭을 키우면 키울수록 진실을 인식하고 확장하는 기능 또한 배가된다는 것도 확인하였다. 또한 상충・대립하는 어조(語調)가 극렬하기보다는 낮고 침착할수록, 다시 말해 '시침 뚝 떼고 마치 먼산바라기 하는 듯'하면 할수록 긴장감은 심화・확장된다는 것도 새삼 알게 된다. 다음에 제시되는 작품이 좋은 예시가 될 것이다.

    산막(山幕)엔
    능구렁이처럼 무겁게 살찐 고요가
    땅바닥에 배를 깔고 숨을 몰아쉬고 있다.
    흙담이 무너져 내려 썩고, 나무기둥이며 문살이
    오랜 세월 비바람에 썩고 썩어
    향기로운 부식의 냄새를 피워 올리는,
    이 버려진 산막 하나가 고스란히 해묵은 포도주처럼
    맑은 달빛과 바람소리와 이슬을 먹고 발효하는
    심산(深山)의 특산품인 것을.

    — 신(神)이 가끔 그 속을 들여다보신다.
                          — 이수익, 「폐가(廢家)」 전문

"능구렁이처럼 살찐 고요"와 "비바람에 썩고 썩어/향기로운 부식의 냄새를 피워 올리는" 산막은 낮은 음색을 가지고 있다. 그래서 포도주처럼 소리 없이 '발효'하고만 있다. 그런데 더 낮은 어조가 기다리고 있다. "신이 가끔 그 속을 들여다보는" 한 옥타브 더 낮은 어조이다. "신이 가끔 들여다봄"으로 '산막'은 산막으로 존재하고, "썩은 향기"를 "피워 올리"는 것이다. 시인과 독자의 끈이 팽팽해지는 대목이다. 이렇듯 낮고 침착한 어조는 반어의 생태적 형식이기도 하다.

2. 역설의 효과

1) 진술, 그 자체로서의 모순과 원리

시적 장치로서의 '역설'은 '반어'와 생판 다른 자리에 있지 않다. 때로는 뒤섞여 일컬어지기도 한다. 그래서 '시의 언어는 본질적으로 역설의 언어'라는 개념에서 보면 반어의 구조원리와 크게 다르지 않다. 그렇기 때문에 역설은 지금껏 반어의 하위개념으로서 단순한 하나의 '풍자' 정도로 치부해 버리는 경우도 있었으나, 실은 반어에 종속적이기보다는 반어에 선행하는 개념으로 파악되기도 한다. 대부분의 역설에는 많은 반어들이 조직적으로 내장되어 있기 때문이다.

    1
    아버지는 아이들을 길렀다
    당연히 잡아먹으려고
    이 세상에서 제일 맛있는 것
    그건 내 아이들의 통통한 뺨
    아버지는 말했다
    여동생은 밤마다 잠들지 않으려고
    바늘쌈을 베개 밑에 두었다
    그래서 여동생은 고슴도치가 되었다.
    그 애는 입만 벌려도 몸에서 가시가 쏟아졌다
    남동생은 박쥐가 되었다
    늦은 밤에만 방에서 나와 푸드덕거렸다
    아버지가 진지 드실 땐 조용히 해!
    어항에선 열대어들의 살이 쑥 내민 입술처럼 떠올랐다
    아침마다 엄마는 붉은 열대어로 국을 끓였다
    나는 스컹크가 되었다
    건드리기만 하면 매캐한 기침을 하루종일 할 수 있었다

    검은 봉지 안에 우리를 담아 들고
    아버지가 걸어가셨다

검은 봉지에서 눈물이 질질 흘러나왔다
눈물이 어찌나 많이 흘렀는지 홍수가 졌다
동네 사람들이 고무 다라이로 배를 만들어 주걱 노를 저었다
아버지가 건너가시지 못하게 해!
눈물이 깊어 아버지는 강물을 건너 집으로 오실 수 없었다

2
우리는 자라서 아버지를 길렀다
당연히 빗자루로 쓰려고

우리는 아버지를 들고 나가 마당을 쓸었다
가끔 눈도 치웠다
봉당 아래 쭈그려 앉아 담배를 피우는 아버지
날마다 머리숱이 적어졌다

저 빗자루를 안에 들여놓아야지!
가까이 다가가 보니 거기 머리숱 적어진 내가
담배를 피우며 돌아보고 있었다
―김혜순, 「Delicatessen」 전문

"당연히 잡아먹으려고, 이 세상에서 제일 맛있는 아이들의 통통한 뺨"을 먹으려고 "아버지는 아이들을 길렀다". 또 "여동생은 고슴도치가 되었"고, "남동생은 박쥐가 되었"고, 또 "아침마다 엄마는 붉은 열대어로 국을 끓"여서 "나는 스컹크가 되었다". 아버지가 "검은 봉지에 우리를 담아 들고" 가면 "검은 봉지에서 눈물"이 흘러나와 홍수를 이루었다. 다시 "우리는 (빗자루로 쓰려고) 아버지를 길렀다", 아버지로 "'마당을 쓸고 눈도 치우는" 등의 황당한(?) 진술들은 그 자체가 모순이다. 표면적으로는 모순이지만 그 진술 뒤에서 머리를 드러내는 진실을 독자는 어렵지 않게 맞닥뜨리게 된다. 그래서 "가까이 다가가서" 보니 "담배를 피우며 돌아보고" 있는 "머리숱 적어진 '내'"가 너무도 선명하고 끔찍스럽게 다가오는 것이다.

2) 단순모순과 진리 표현 수단으로서의 역설

역설은 반드시 모순어법에 얽혀 있다. 일상적 인식을 무너뜨려 한결 효과적인 표현기법으로서의 장치인 까닭이다. '좋아 죽겠다'든가 '너무 좋아서 미치겠다'는 단순하고 표피적인 것에서부터 '사랑하므로 헤어지며 고이 보내드린다'는 보다 깊은 환상적·초월적 역설까지 모순과 역설의 드나듦은 매우 복잡하고 그 갈래 또한 다양하다. 환상적·초월적 역설은 종교적 신비주의에도 닿아 있어 보인다.

> 동쪽 바다 가는 길 도화 만발했길래 과수원에 들어 색(색)을 탐했네
> 온 마음 모아 색을 쓰는 도화 어여쁘니 요절을 꿈꾸던 내 청춘이 갔음을 아네
> 가담하지 않아도 무거워지는 죄가 있다는 것은 얼마나 온당한가
> 이 봄에도 이 별엔 분분한 포화, 바람에 실려 송화처럼 진창을 떠다니고
> 나는 바다로 가는 길을 물으며 길을 잃고 싶었으나
> 절정을 향한 꽃들의 노동, 이토록 무용한 꽃의 투쟁이
> 안으로 닫아 건 내 상처를 짓무르게 하였네 전생애를 걸고 끝끝내
> 아름다움을 욕망한 늙은 복숭아나무 기어이 피워 낸 몇 날 도화 아래
> 묘혈을 파고 눕네 사모하던 이의 말씀을 단 한번 대면하기 위해
> 일생토록 나무 없는 사막에 물 뿌린 이도 있었으니
> 내 온몸의 구덩이로 떨어지는 꽃잎 받으며
> 그대여 내 상처는 아무래도 덧나야겠네 덧나서 물큰하게 흐르는 향기,
> 아직 그리워할 것이 남아 있음을 증거해야겠네 가담하지 않아도 무거워지는
> 죄를 무릅써야겠네 아주 오래도록 그대와, 살고 싶은 뜻밖의 봄날
> 흡혈하듯 그대의 색을 탐해야겠네
> ―김선우, 「도화 아래 잠들다」 전문

"요절을 꿈꾸던 내 청춘이 갔음"을 알고, "가담하지 않아도 무거워지는 죄"는 '온당'하고, "바다로 가는 길을 물으며 길을 잃고 싶"고, 끝내는 "죄를 무릅써야 하는" '나'의 진술은 개개의 모순이며 복합적으로는 표피적 역설이다. '청춘'이 '요절'해야 하는 이유, '가담하지 않아도 죄'가 되고 또 그것이 '온당'한 이유, '내 상처가 덧나야' 하는 이유들이 "흡혈하듯 색을

탐해야 하는" 어쩔 수 없는 것에 대한 해답이 되고 있다. 이 모순은 이 시의 구조면에서 볼 때 전체적으로 엮인 역설로서 모순으로 끝나는 것이 아니라 진정한 속내를 모두어 보이고 있는 것이다.

> 잘 가거라, 이 가을날
> 우리에게 더 이상 잃어버릴 게 무어람
> 아무것도 있고 아무것도 없다
> 가진 것 다 버리고 집 떠나
> 고승이 되었다가
> 고승마저 버린 사람도 있느니
> 가을꽃 소슬히 땅에 떨어지는
> 쓸쓸한 사랑쯤은 아무것도 아니다
> 이른 봄 파릇한 새 옷
> 하루하루 황금옷으로 만들었다가
> 그조차도 훌훌 벗어버리고
> 초목들도 해탈을 하는
> 이 숭고한 가을날
> 잘 가거라, 나 떠나고
> 빈 들에 선 너는
> 그대로 한 그루 고승이구나
>   ─문정희,「지는 꽃을 위하여」전문

"잘 가거라, 이 가을날"에서는 '잘 가거라'조차도 역설이 된다. 자조적으로 내뱉는 명령형의 어투로 보아서도 그러려니와 14행의 '잘 가거라'가 이를 뒷받침해 주고 있기도 하다. "잘 가거라"고 해놓고 14행에서는 '너'가 간 것이 아니고 "나 떠나고 빈 들에 선 너"라고 하여 '내'가 떠나 버렸다.

불가의 깨달음이 물씬 풍겨나는 이 시는 불교의 문답이 바로 역설이듯이 전편을 통해 역설이 주조를 이루고 있다. '우리에게 더 이상 잃어버릴 것이 없다', 그래서 "아무것도 있고 아무것도 없다". 집을 버리고 떠나서

"고승이 되기"도 하고 그 "고승마저 버린다". 이런 지경이니 "사랑쯤은 아무것도 아니다". 그러니 "황금옷조차도 훌훌 벗어버리고" 천지가 '해탈' 하는 무욕의 가을날, 빈 들에 서 있는 것은 '고승'일 수밖에 없다. 결국 "아무것도 있고 아무것도 없다"는 역설의 완결이라 할 만하다.

> 많은 옷 중에서 내가 즐겨 입는 옷은 두어 벌
> 두어 벌을 위해 옷들이 장롱 속에 걸려 있다
>
> 식탁에 차려지는 그릇은 몇 개, 그 몇 개를
> 위해 한쪽에 쓰지 않는 그릇들이 포개져 있다
>
> 자주 꺼내 보는 책 몇 권, 그 몇 권을 위해
> 수백 권의 책이 너무 오래 먼지를 뒤집어썼다
>
> 몇 사람과 만날 뿐, 그 몇 사람의 주위에
> 많은 사람들이 벌떼처럼 윙윙거려야 했다
>
> 두어 벌 옷 때문에 세상의 장롱 속이 꽉 찼다
> 몇 개의 그릇, 몇 사람 때문에 세상은 포화다
>
> 눈물겨운 욕망들, 끝없는 집착, 더, 더,
> 보다 더 나은, 이 혼자 나이를 먹어 늙어터졌다
> ─안정옥, 「여우같다」

내 두어 벌 옷을 위해 다른 옷들이 "장롱 속에 걸려" 있어야 하고, 식탁에 차려지는 그릇 몇 개를 위해 다른 그릇들이 "포개져" 있어야 하고, "자주 꺼내 보는 책 몇 권"을 위해 "수백 권의 책이 너무 오래 먼지를 뒤집어썼다". 그래서 결국은 몇 사람을 둘러싸고 "벌떼처럼" 많은 사람들이 "윙윙거려야" 한다. "눈물겨운 욕망"과 집착으로 인간은 늙어간다. 즉 소멸해 간다. '소멸'에 이미 발을 담근 '남은 삶'일 뿐이다. 인간에게는 항상 '여생'밖에 없다. 그야말로 역설은 인간의 본질인지도 모른다. 그렇다면

'여우같은' 인간이 아니라 여우 그 자체이며, 따라서 역설은 영원한 진리에 이르게 되느니…….

3) 역설이 시를 만들고, 시는 인간을 구원한다

시작(詩作)의 초심자들이 밤을 새며 안달복달하는 가장 큰 이유 중의 하나가 '생각 뒤집기' 또는 '생각 깨뜨리기'를 할 줄 모르기 때문이다. 그게 바로 '낯익은 것을 낯설게 하기'이다. 비나 눈은 하늘에서 내린다. 그렇지 않으면 안 될까? 우산 속에서 내리면 안 되고, 턱 밑에서 내리면 안 될까? 아니 땅속에서 솟구칠 수는 없을까? 달밤에는 왜 외롭고 쓸쓸해야만 하는가? 혼자면 반드시 외로운가? '나'는 누구인가? 세계는? 우주는?…… 한이 없을 것이다. 현상을 뒤집어보는 것, 비틀어보는 것, 깨뜨려보는 것, 이것이 시작의 첫걸음인지도 모른다.

낯선 집 낯선 가족 낯선 식사 자리에
돌연 내가 있다
어색해하는 건 나뿐
이들은 낯선 나를 개의치 않고
식사를 계속한다
하도 이상해서, 이게 꿈인가? 곰곰
생각해 보니 꿈이 맞다
꿈인 줄 알면서도 어색하다
어찌나 어색한지 꿈같지 않다

그 세계 사람들은
얼마나 이상하게 사는 걸까?
난데없이 누군가 나타났다가
절로 사라지곤 하니

다음엔 한번 웃어보리라
커다랗게 깔깔깔 웃어보리라

    그들이 깨어나리라
    나를 빤히 바라보리라

    봐라, 달이 오줌을 눈다
    무덤 저편도 젖을 것이다.
    　　　　　　　－황인숙, 「웃음소리에 깨어나리라」 전문

 앞에서 보았던 김경미의 「누가 사는 것일까」와 분위기가 흡사하다. 이런 경험은 누구에게나 한번쯤은 있으리라. '낯선 집'만 해도 이미 어색한데 거기다 '낯선 가족'이라니? "돌연 내가 있다"고? 시인과 독자는 시작부터 팽팽한 긴장감에 휩싸인다. 섬뜩하기까지 하다. 역설이 숨통을 죄는 듯하다. 더욱 놀라운 것은 "어색해 하는 건 나뿐"이라는 역설이다. 그들은 아무렇지도 않게 식사에 열중한다. 너무나 이상해서 꿈인가? 했더니 진짜 꿈이다. 꿈속에서도 '나'는 어색하다. 그래서 꿈 같지도 않다. 마지막 너스레를 한번 더 음미해본다.

    봐라, 달이 오줌을 눈다
    무덤 저편도 젖을 것이다.

 천하없어도 시의 언어는 역설의 언어이다.
　　　　　　　　　　　　　　　　　　　　　　　■ 권오운

현대시 각론

2부

제7장 ● ● ●

시와 상상력

1. 상상력에 관한 이해

한 사람의 시인이나 한 편의 시 작품이 지향하는 바를 이해하거나 해석하기 위한 방법은 다양하게 모색되어왔다. 형식주의나 구조주의 등의 텍스트에 내재하는 요소에 주목하는 방법, 그리고 시인의 전기적 요소를 작품 분석의 근간으로 하는 전기비평, 역사 현실이나 시작의 배경이 된 시대의 정치 사회학적 인식과 그 반영 여부와 그 형상화된 가치를 따지는 역사주의 비평, 독자의 반응, 영향, 또는 다른 텍스트들과의 상호 관련성을 다루는 독자 반응 비평이나 텍스트 이론 등의 외재적 비평, 그리고 신비평.

그러나 이렇게 다양한 읽기 방법이 다른 문학 갈래의 독해에서는 많은 역할을 수행하고 있는 것과는 달리 시의 독해에 있어서는 그다지 효과적이지 못하다는 것이 대체적인 의견이다. 더 나아가 시 창작의 영역에 있어서는, 이런 이론들은 물론, 시론 등 시와 관련된 모든 이론과 지식이 창작과는 거의 무관하거나 무용하다고 여겨질 정도이다. 그렇다면 정말 그런 걸까. 그렇지는 않겠지만 무언가 시를 읽고, 창작하는 데 보탬이 될 만한 다른 방법은 없을까.

아일랜드의 시인 예이츠(W.B. Yeats)는 시의 세계는 지성과 피와 상상력(想像力)이 동시에 함께 움직이는 세계라고 말했다. 시는 지적인 세계이면서 동시에 감각계까지를 포함하고 거기에 보태 상상이 함께하는 세계라는 말이다.

시 안에서 상상력은 일차적으로 시인이 자연이나 사건에서 받은 인상이나 감정을 다른 심상으로 전환시킨다. 나아가 그것들의 의미나 가치를 새롭게 해석하고 그 이상의 세계나 시간대로 확장하거나 자신의 가치로 축소해 그려보게도 한다. 상상이란 구성 능력 과정 전반을 뜻하기도 한다. 즉 시인은 자신의 체험을 바탕으로 새로운 세계를 창조하고, 남들이 찾지 못했던 새로운 의미와 가치를 발견하거나, 세계가 은밀히 함축하고 있어 깨닫지 못하고 있던 진실을 예리하게 포착하는 능력을 발휘하기도 한다.

2. 상상력을 통한 시 읽기 : 모든 시의 독자는 사람

언어는 다양한 기능을 수행한다. 표현, 표출, 정보나 지식의 보존, 지령적 기능, 친교 기능 등이 언어의 일반적인 기능이다. 하지만 시작품 안에서의 언어는 이러한 것들과는 구별되는 기능을 수행하는데, 이것을 우리는 언어의 미적 기능이라고 부를 수 있다. 그런데 독자들은 자주 시 속의 언어를 정보 지식의 전달 기능이나 표현의 기능으로만 이해하다 보니 이러한 점이 바로 시를 오독하게 하고 그 아름다움을 놓치게 하는 원인이 되기도 한다. 그러면 시문학 작품의 미적 기능을 파악하기 위해서 필요한 것은 무엇일까? 그것은 바로 상상력이다. 상상력을 통해서 우리는 자연이나 현실, 타자의 이야기를 자신의 이야기로 읽을 수 있게 되는 것이다.

상상이란 인간 존재의 두 가지 속성, 즉 영혼의 감각적 활동과 정신의 지적인 인식이 통합적으로 이루어지는 행위이다. 그래서 각 개인의 언어를 통해 드러난 상상의 구조를 살펴보면 그들이 존재와 인식에 어떠한 가치를 부여하는지를 알 수 있으며, 이러한 각자가 갖고 있는 가치 부여의 차이점에 의해서 나름대로의 독특한 상상의 구조가 생겨나는 것이다. 그러므로 각 시인의 작품에 나타나는 상상의 구조 분석을 통하면 그 시인의 세계관을 좀더 객관적으로 파악할 수 있다는 말이다.

소설에 있어 허구가 그 얼개를 만드는 전제라 한다면 시에 있어서는 각 시인이 갖고 있는 상상력의 체계가 그 시인의 시 세계의 모습의 전체 윤곽을 결정짓는다. 시 작품은 그 자체로 하나의 완성된 세계이자 독자에게는 새로이 주어진 대상이며 사실이기도 하다. 그러므로 이 세계를 해석하기 위해서는 전체적 패턴을 인식하는 것이 그 무엇보다도 필요한데, 부연하자면 대상을 분해하여 합리적으로 인식하려는 원자론적 인식이 아니라 원자론적 분석으로 해명할 수 없는 전체적 패턴으로 지각하는 것에 비중을 두자는 것이다. 전체는 부분의 총화(總和) 이상의 것이다. 그리고 이러한 인식을 '게슈탈트(Gestalt) 인식'이라고도 부르는데, 이러한 인식의 필요에 부응할 수 있는 것이 바로 상상력이다.

3. 사람의 일로 상상하기

김소월은 우리 근대시사에서 빼놓을 수 없는 가장 중요한 시인 중의 한 명이며 그의 시가 발표된 지 80년이 다 된 오늘날에도 여전히 많은 독자를 확보하고 있는 시인이다. 그러나 중·고등학교의 국어·문학 교과서는 물론 각종 지면에 실리는 그의 작품들이 주는 아름다움이나 심금을 울리는 감동을 느끼는 독자는 몇이나 될까. 김소월 시인의 생과 죽음 따위의 전기적 요소에 대한 지식, 식민치하에서 그가 지향한 민요조 서정시로서의 가치에 대한 예찬, 수미쌍관법 등 내재적 요소에 대한 이해 등이 실제로 수신자로서의 나에게 미적 감동을 느끼게 해줄 수 있을까?

> 산에는 꽃 피네
> 꽃이 피네
> 갈 봄 여름 없이
> 꽃이 피네.
>
> 산에
> 산에
> 피는 꽃은
> 저만치 혼자서 피어 있네.
>
> 산에서 우는 작은 새여
> 꽃이 좋아
> 산에서 사노라네.
>
> 산에는 꽃 지네
> 꽃이 지네
> 갈 봄 여름 없이 꽃이 지네.
> ―「산유화」전문

이 시는 김소월 시들 중에서도 가장 많이 읽히는 작품 중의 하나이다. 그러나 막상 강의실에서 학생들에게 이 작품에 대한 느낌을 물으면 대입 수능시험 문제의 답변으로나 적당할 상식적인 답변을 하거나 별로 느낌이 없다는 시큰둥한 반응이 대부분이다. 상상력을 동원해서 다음과 같이 맥락(code)을 바꾸어 읽어보자. '산'을 '세상'으로 '꽃'을 '아름다운 사람'으로 '피네', '지네'를 '태어나네', '죽어가네'로. 그러면 다음과 같이 읽힐 것이다.

세상에는 아름다운 사람들이 태어나네
아름다운 사람들이 태어나네
갈 봄 여름 없이
아름다운 사람들이 태어나네.

세상에
세상에
태어나는 아름다운 사람들은
저만치 혼자서 살아가네.

세상에서 우는 작은 사람들이여
아름다운 사람이 좋아
세상에서 사노라네.

세상에는 아름다운 사람들이 죽어가네
사람들이 죽어가네
갈 봄 여름 없이 사람들이 죽어가네.

  이 시가 산 속의 꽃이 끊임없이 피고 진다는 사실의 보고나 지식, 정보를 전하기 위한 것이 아니라면 우리는 당연히 사람의 일로 그 맥락을 조망할 수 있어야 한다. 그 힘이 바로 상상력이며, 그 체계를 구성하는 상위단계가 상상력의 구조라 할 수 있다.
  아래 시도 마찬가지로 상상력을 동원해서 '별'을 '별만큼이나 아름다운 사람'으로 바꾸어 읽으면 훨씬 이 시가 지닌 시적 모티프와 전체 구조를 이해하기 쉽다.

별들이 아름다운 것은
서로가 서로의 거리를
빛으로 이끌어주기 때문이다
하루의 일을 마치고
허리가 휘어 언덕을 오르는

사람들 발 아래로 구르는 별빛,
어둠의 순간 제 빛을 남김없이 뿌려
사람들은 고개를
꺾어 올려 하늘을 살핀다
같이 걷는 이웃에게 손을 내민다

별들이 아름다운 것은
서로의 빛 속으로
스스로를 파묻기 때문이다
한밤의 잠이 고단해
문득, 깨어난 사람들이
새벽을 질러가는 별을 본다
창 밖으로 환하게 피어 있는
별꽃을 꺾어
부서지는 별빛에 누워
들판을 건너간다
별들이 아름다운 것은
새벽이면 모두 제 빛을 거두어
지상의 가장 낮은 골목으로
눕기 때문이다

-김완하, 「별」 전문

4. 형식에 담겨 있는 상상의 세계

시인들은 종종 언어가 지니고 있는 의미보다는 그 형식인 문장 구성이나 문법 등 언어 표현 형식으로 자기의 심정을 형상화하기도 한다. 아래 시는 아직도 우리나라의 대표적인 난해시로 꼽히는 이상의 「오감도 시 제1호」이다. 문학계는 물론 심리학이나 수학, 심지어는 종교 분야에 속한 이들에 의해서까지 이 작품의 다양한 해석이 시도되었지만 아직도 명쾌한 해석은 없다. 연구자들에 의해 더욱 난해해졌을 뿐이다. 과연 이 작품이 해석되지 않는 문제작일까?

  13인의아해가도로로질주하오
  (길은막다른골목이적당하오.)

  제1의아해가무섭다고그리오.
  제2의아해가무섭다고그리오.
  제3의아해가무섭다고그리오.
  제4의아해가무섭다고그리오.
  제5의아해가무섭다고그리오.
  제6의아해가무섭다고그리오.
  제7의아해가무섭다고그리오.
  제8의아해가무섭다고그리오.
  제9의아해가무섭다고그리오.
  제10의아해가무섭다고그리오.

  제11의아해가무섭다고그리오.
  제12의아해가무섭다고그리오.
  제13의아해가무섭다고그리오
  (다른사정은없는것이차라리나았소.)

  그중에1인의아해가무서운아해라도좋소.
  그중에2인의아해가무서운아해라도좋소.
  그중에2인의아해가무서운아해라도좋소.
  그중에1인의아해가무서운아해라도좋소.

  (길은뚫린골목이라도적당하오.)
  13인의아해가도로롤질주하지아니하여도좋소.
          ― 「오감도(烏瞰圖)」 시 제1호」 전문

 읽다보면 이 시의 형식상의 특징을 누구나 쉽게 알아차릴 수 있다. 반복과 띄어쓰기가 없다는 것을. 반복되니 지겹다는 느낌이 들고, 띄어 쓴 곳이 없으니 계속 이어 읽느라 숨이 차게 된다. 그것이 이 시를 읽는 사람이면 누구나 느끼게 되는 솔직한 감상이다. 일단 그 느낌과 '아해', '도로', '질주', '무섭다' 따위 몇 개 안 되는 이 시의 시어들을 추린 다음, 상상력을 동원해 다음과 같은 맥락으로 정리해보자.

이 시 속의 세계에 사는 사람들은 '아해'와 같다. 길이 뚫려 있는지 막혀 있는지도 모르면서 '질주'하고 있기 때문이다. 그 질주는 지루할 정도로 반복되고 숨쉴 틈도 없이 '무서운' 것이다. 그리고 그러한 지겹고 무서운 질주의 이유는 그 '아해'들 사이에 있다고 시인은 말한다. 근대 문명이 지배하고 있는 일상의 모습이 적나라하게 드러나 보인다. 지루하게 반복되는 일상, 숨막히게 강요되는 무한 경쟁의 질주, 출구가 있는지 없는지도 알 수 없는 무서운 도로 위의 삶.

이 정도로만 이 시를 이해해도, 이 시가 왜 많은 사람에게 감동을 주고 우리 삶의 문제적 측면을 효과적으로 형상화했는지 알게 된다. 세부적인 이해는 차후의 일이다. 이만큼 상상을 통해 시를 읽는 것은 시를 생명력이 넘치는 것으로 받아들일 수 있게 해준다.

    어디서 우 울음소리가 드 들려
    겨 겨 견딜 수가 없어 나 난 말야
    토 토하고 싶어 울음소리가
    끄 끊어질 듯 끄 끊이지 않고
    드 들려와

    야 양팔을 벌리고 과 과녁에 서 있는
    그런 부 불안의 생김새들
    우 우 그런 치욕적인
    과 광경을 보면 소 소름 끼쳐
    다 다 달아나고 싶어

도 동회(同化)야 도 동화(童話)의 세계야
저놈의 소리 저 우 울음소리
세 세기말의 배후에서 무 무수한 학살극
바 발이 잘 떼어지지 않아 그런데
자 자백하라구? 내가 무얼 어쨌기에

소 소름 끼쳐 터 텅 빈 도시
아니 우 웃는 소리야 끝내는
끝내는 미 미쳐버릴지 모른다
우우 보트 피플이여 텅 빈 세계여
나는 부 부 부인할 것이다.
—이승하, 「화가 뭉크와 함께」 전문

이 시도 이 시만이 가지고 있는 독특한 문법적 특징인 어조를 눈여겨 보아야 할 것이다. 말을 더듬고 있군. 왜 시적 자아는 왜 말을 더듬고 있을까? 나는 어떤 때 말을 더듬었던가를 상상해보면, 이 시의 말하기 형식이 이 시의 내용인 1980년대를 억누르던 군사독재권력의 횡포에서 고통받고 시달리는 민중의 처절한 모습을 얼마나 적절하게 담아낸 것인지를 깨달을 수 있게 된다. 김수영의 '온몸'의 시는 바로 이들 시처럼 시의 내용과 형식이 하나 될 때 이루어진다고 할 수 있다.

5. 리얼리즘 시의 상상력 : 길의 모티프를 중심으로

이처럼 시인의 상상력은 내적 구성 요소 사이의 긴장을 조성하거나 조절하는 기능을 수행할 뿐 아니라 시어 사이에 개입하여 새로운 의미망을 구축하여 함축적 내용을 부여하기도 한다. 한편 리얼리즘 계통의 목적시에서는 상상력이 내적 구성 요소들 사이보다는 외적 요소와 내적 요소 사이에 자리한다. 그리고 그 상상력은 시의 주제로 이미 설정된 이념이나 메시지의 전달을 어떻게 효과적으로 전달할 수 있는가에 기여하게 된다. 앞에서 언급했던 이상이나 이승하의 시가 확장과 애매모호성을 추구하여 여운의 생성을 지향한다면 리얼리즘 계통의 시는 집중과 명징성을 통해 동감의 전달을 꾀한다.

많은 시들이 무한한 상상력과 논리성으로 내재적 아름다움과 내적 형식미를 갖추고도 사회나 역사현실로부터 유리된 채 혼자만의 독백을 일삼기도 하는데, 그것은 바로 자신이 지니고 있는 시적 모티프를 상상력을 통해 보편적인 리얼리티로 확장시키지 못한 때문일 수도 있다. 그리고 바로 이런 확장과 원심력적 상상력을 일반적으로는 사회학적 상상력이라 부르기도 한다. 밀즈는 그의 저서 『사회학적 상상력(Sociological Imagination)』에서 다음과 같이 말했다.

> 사람들은 자신들이 겪고 있는 고통을 역사적 변동과 제도적 모순에 의해 규정하려고 하지 않는 게 보통이다. 그들이 누리고 있는 사회의 커다란 흥망성쇠의 탓이라고 생각하지 않는다. 그러나 일반적으로 사람들은 자기들의 생활 패턴과 세계사 진행 간의 복잡 미묘한 관계를 별로 의식하지 못하기 때문에, 이 관계가 자신의 미래에 대해 무엇을 의미하는지, 또 장차 자신이 주체적으로 참여하게 될지도 모를 역사 형성에 대해 어떤 의미를 갖는지 모르고 있다. 그들은 인간과 사회, 개인의 일상과 역사, 그리고 자아와 세계 사이의 상호작용을 파악하는데 긴요한 정신적 자질을 갖고 있지 못하다.
> 그들은 자신의 개인적 문제를 개인적 문제의 이면에 항상 개재해 있는 구조적인 변모를 통제하려는 것과 같은 방법으로는 극복하지 못한다.

그리고 그에 의하면 사회학적 상상력은 끊임없이 다음과 같은 세 가지 질문을 던진다.

(1) 어느 특정 사회를 하나의 전체로 볼 경우 그 구조는 무엇인가? 그것의 본질적인 구성 요소는 무엇이며 그들은 상호 어떻게 관련되어 있는

가? 그것은 다른 여러 가지 사회질서와 어떻게 다른가? 사회 내의 어떤 특정 요소가 그 사회의 존속 및 변화에 대해 갖는 의미는 무엇인가?

(2) 이 사회는 인간사 내의 어디에 위치해 있는가? 그것을 변화시키는 기제는 무엇인가? 그것이 인류 전체의 발전에 차지하는 위치는 무엇이며, 지니는 의의는 무엇인가?

(3) 이 사회, 이 시대에 가장 지배적으로 우세한 사람들은 어떤 유형의 사람들인가? 그리고 앞으로 어떤 사람들이 지배적으로 우세해질 것인가?

이러한 질문을 불러일으키는 사회학적 상상력은 우리들로 하여금 개별자인 한 개인의 일생과 바로 그를 둘러싸고 있는 역사와 사회라는 환경이 이루는 관계를 파악할 수 있도록 해주는데, 바로 이것이 사회학적 상상력의 과제이며 약속이라고 한다.

그러나 이런 긍정적 태도에 불구하고 사회과학적 이념을 구현하기 위한 목적만으로 시를 쓰고 시의 범위를 한정시키려 한다면 그런 시는 정치적 도구로서 목적 구현의 선동에 성공적 역할을 담당할 수는 있을지 모르지만 자유로운 상상력의 위축으로 독선적이고 기계적인 추상성을 띨 수밖에 없게 되며, 함축과 내포에 의한 다양성과 울림을 잃을 위험이 크다. 20~30년대 카프의 시가 그러했으며, 80년대 민중시가 한계를 드러낸 것이 그것을 증명한다. 현실에 뿌리는 내리되 그것이 부채의식이 되거나 자기 검열의 잣대로 작동된다면 자유로운 창작은 이루어지기 힘들 것이다. 그리고 이러한 태도는 참다운 과학 정신인 기존의 도그마에 대한 비판과 해방이란 명제에조차 부합되지 않게 될 것이기 때문이다. "시적 상상력의 억압은 삶의 억압을 의미한다."는 윌리엄 블레이크의 충고를 곱씹어볼 일이다.

얼마를 헤쳐왔나 지나온
길들은 멀고 아득하다

그러나 저 아스라한 모든 길들은 무심하고
나는 한 자리에서 움직였던 것 같지가 않다

가야 할 길은 얼마나 새로우며
남은 길은 또 얼마나 설레게 할 건가
하지만 길은 기쁨과 희망을 안겨주었고
동시에 나락으로 내몰았다
나에게 확신을 주었고 또 혼란의 늪으로 내던졌다

길을 안다고 나는 감히 말하지 못한다
그러나 나는 보았다 뒤돌아서서
길의 끝이 아니라 시작된 곳을 찾았을 때
길이 아니라 길을 내려 길을 보았을 때
길은 저 거친 대지의 것이었다
나는 대지에서 달아나지 않았으므로
모든 것은 희생되었다 그러자,
한순간에 펼쳐진 바다와 같은 아, 하늘에 맞닿아
일렁이는 끝없는 광야의 그늘을 나는 보았다

우리들 삶은 그곳에서 더 이상 측량되지 않는다
우리들 꿈은 더 이상 산술이 아니다
길은 어디에나 있고 또 없다

길은 대지 위에 있으나
길은 자주 대지를 단순화한다
때로는 대지에서 자란 우리들
대지에서 추방되기도 한다
우리가 헤쳐온 길이 우릴 버리기도 한다
길은 자주 대지의 평등을
욕망의 평등으로 변질시키고
대지의 선한 의지를
권력의 사욕으로 타락시킨다

> 삶이란 오고 가는 것일까
> 인생이란 흐르는 길 위의 흔적일까
> 저기 출렁이는 물결을 보아라
> 허공에 맞닿아 끝없이 일렁이는 물결을 보아라
>
> 길이란 길은 광야 위에 있다
> 길 위에 머물지도 말고 길 밖에 서지도 말라
> 길이란 길은 광야의 것이다
> 삶이란 흐르는 길 위의 흔적이 아니다
> 일렁이어라 허공 가운데
> 끝없이 일렁이어라 다시 저 광야의
> 끝자락에서 푸른 파도처럼 일어서는
> 길을 보리라
>
> ─ 백무산, 「길은 광야의 것이다」 전문

　백무산은 1980년대에 박노해·오봉옥 등과 가장 뛰어난 민중시인으로 알려졌던 시인이다. 그리고 위의 시는 그가 세기의 경계를 지나 쓴 근간의 시다. 이 시는 길과 길가기의 상상을 시 쓰기의 바탕으로 하고 있다. 위의 시에서 길은 대지-광야를 가로질러 가고 있다. 그리고 시적 자아는 그 동안 지나온 길, 그 길 때문에 광야는 사람이 살 수 있는 땅, 비로소 대지가 되었다고 굳게 믿고 있다. 그러나 어느 날 길 밖에 서서 뒤돌아보니 그 대지는 막막한 광야의 그늘을 지니고 있다. 그래서 그는, 길이 광야를 대지로 만들지만 또한 그 길이 자주 대지의 평등을 욕망의 평등으로 변질시키고 대지의 선한 의지를 권력의 사욕으로 타락시키기도 한다는 것을 깨닫게 된다. 만약 길을 많은 사람들이 지향하고 있는 어떤 이념으로 읽는다면 이 시는 그 이념이 민중의 삶과 어떤 관계에 있는지를 추상적이긴 하지만 잘 보여준다. 운동으로서의 길가기가 상대해야 할 테제 또한 "끝없이 일렁이어라"라는 요구를 통해 나름대로 분명히 제시하고 있다. 이 시는 추상적이고 관념적이다. 현실적 삶보다 오히려 자신의 관념을 시화했기 때문에 일반 독자들이 그 사회과학적 배경을 이해하지 못하는 한 이해하기 쉽지 않은 시이다.

　1990년대 한때 우리나라에서는 문학과 예술 영역에 있어 사회과학적 상상력의 한계를 주장하는 것이 무슨 새롭고 대단한 이론의 전도(傳道)라도 되는 듯이 유행하기도 했었지만 기실 그것은 사회학적 상상력의 한계라기보다는 시인・작가들이 재현하거나 형상화해야 할 대상인 현실세계가 너무 다양하고 거대해져 섣부르고 게으른 상상으로는 감히 다가갈 수 없으니 무장해제할 수밖에 없다는 나약함을 토로한 것이라 보는 것이 옳을 듯싶다.

　한편 개인적인 소견이지만 사회학적 상상력의 역사는 길 떠나기를 모티프로 해서 쓴 작품들의 역사와 그 행로가 유사하다.「길가메시」나「오딧세이아」이후 많은 시들이 바로 이 시와 같이 길 찾기 또는 길 떠나기를 모티프로 하고 있는데, 길 떠나기는 아래 한하운의 시처럼 자신의 운명과 세상에 대한 탐색의 길이기도 하며 구상 시인의 경우처럼 믿음을 위해 현실의 고난은 달게 받아야 한다는 순명의 길일 수도 있다. 또한 카프의 시나 민중시의 경우처럼 목적을 위한 수단과 방법 그 자체가 될 수도 있다. 여하튼 길의 모티프는 이처럼 많은 시인에게 시작의 모티프나 상상력으로 작용했던 시사에선 커다란 길 중의 하나이다.

　　　가도 가도 붉은 황톳길
　　　숨막히는 더위뿐이더라.

　　　낯선 친구 만나면
　　　우리들 문둥이끼리 반갑다.

　　　천안 삼거리를 지나도
　　　수세미 같은 해는 서산에 남는데.

　　　가도 가도 붉은 황톳길
　　　숨막히는 더위 속으로 쩔름거리며

가는 길……

신을 벗으면
버드나무 밑에서 지까다비를 벗으면
발가락이 또 한 개 없다.

앞으로 남은 두 개의 발가락이 잘릴 때까지
가도 가도 천리, 먼 전라도길.
—한하운, 「全羅道길」 전문

홀로서 가야만 한다.
저 2천 년 전 로마의 지배 아래
사두가이와 바리사이들의 수모를 받으며
그분이 홀로서 가듯
나 또한 홀로서 가야만 한다.

악의 무성한 꽃밭 속에서
진리가 귀찮고 슬프더라도*
나 혼자의 무력(無力)에 지치고

번번이 패배(敗北)의 쓴잔을 마시더라도
제자들의 배반과 도피 속에서
백성들의 비웃음과 돌팔매를 맞으며
그분이 십자가의 길을 홀로서 가듯
나 또한 홀로서 가야만 한다.

정의(正義)는 마침내 이기고 영원한 것이요,
달게 받는 고통은 값진 것이요,
우리의 바람과 사랑이 헛되지 않음을 믿고서

아무런 영웅적 기색도 없이
아니, 볼꼴 없고 병신스런 모습을 하고**
그분이 부활의 길을 홀로서 가듯

나 또한 홀로서 가야만 한다.

  * 르낭의 말
  ** 舊約의 말

— 구상, 「그분이 홀로서 가듯」 전문

6. 추상을 읽어내는 상상력

시의 세계는 현실에 근거하고 있지만 독립된 또 다른 하나의 세계다. 시 그 자체가 추상의 세계다. 근대 이후 인간 세계는 그 중심을 구체적인 자연으로부터 추상의 세계로 전환했다. 그것은 미술 분야에서 극명하게 드러난다. 또한 니체가 언급한 바대로 인간이 추구했던 것 중 가장 아름다운 세계가 음악의 세계라면 그 음악의 세계 또한 추상미의 극치라고 말할 수 있을 것이다. 근간에 '이미지'나 '기호' 등이 세계를 새로이 인식하기 위한 언술로 많이 사용되고 있는 것도 결국에는 이 세계 자체가 온통 추상으로 덮여 있음을 증명하는 것이다.

시에 있어서도 추상의 힘은 대단하다 — 서양과는 달리 동양의 시사에서는 이미 오래 전부터 추상의 전통이 수립되어 면면히 흘러왔지만 — 특히 추상의 시대라 할 수 있는 오늘날, 우리의 현실과 이 세계의 인간을 노래하기 위해서는 당연히 추상이 그 방법이나 형식으로 쓰일 수밖에 없다.

아래 시에서도 사람들 사이에 섬이 있다는데 실재할 수는 없는 일이다. 그런데 사람들 사이에 섬이 있다면 그 섬을 둘러싸고 있는 '사람들'은 무엇일까? 당연히 바다일 수밖에 없을 것이다. 사람들이 바다이면 한 사람 한 사람은 물결이다. 물결과 물결이 하나 되고 부딪히기도 하여 쌓아 올린 섬, 그렇다면 그 섬은 우리 인간끼리의 만남과 인연, 교류, 소통이 만든 섬이다. 이제 상상은 다시 독자에게로 돌아온다. 내가 수없이 쌓아올린 섬들. 우정·미움·사랑 등등으로 정리할 순 있겠지만 상대방의 뜻까지 다 헤아릴 수는 없으니 내 기억과는 다른 모습일 수도 있을 텐데······. 그렇다면 그 진정한 모습은 어떠할까? 갈 수만 있다면 정말 꼭 그 섬에 가보고 싶다.

  사람들 사이에 섬이 있다
  그 섬에 가고 싶다
         -정현종, 「섬」 전문

 표현의 측면에 있어 추상화(抽象化)는 보통 아이러니, 낯설게 하기, 전경화(前景化) 등의 기법을 사용한다. 구체적으로 말하자면 한 편의 시에 제시된 상황이나 논리가 현실 논리와 부합하지 못할 때 시 속에서는 그걸 '사이비 진술'이라 하여 시 속의 상상의 세계로 인정하고 계속 그 상상의 행로를 이어간다. 추상의 세계로 들어가는 것이다.
 한편 어떤 시들은 우리 일상에서 너무 자주 접해 무의미해지고 사물화된 구체적 사물이나 상황을 선택해 추상을 부여하는 경우도 있다. 근대 상징주의 시 이전의 시들은 그 소재를 대부분 자연에서 얻고, 시를 쓰게 되는 동기도 주로 자연물이나 자연 현상을 보면서 상상을 통해 그 안에서 신의 섭리나 자연의 이치를 찾아 그것을 찬미하고 예찬하는데 머물렀다. 쉽게 이해하려면 꽃말 같은 제도화된 상징들을 살펴보면 알 수 있다. 자연물이나 그 현상에 인간의 가치를 부여한 그 결과가 상징이었다.
 그런데 근대 이후 시의 소재가 되는 세계가 매우 넓어졌다. 근대시를 연 상징주의 이후 이전에 소재가 될 수 없었던 여러 영역이 시에 등장하기 시작했다. 인간세계에서는 부르주아를 비롯한 소외된 민중들의 삶이 그려지기 시작했고, 산업혁명으로 비롯된 도시문명, 산업문명의 미시적 물질세계도 시의 세계에 포함이 되었다.

  맞은편에서 전속력으로 달려오는 그대 눈빛이

너무 환하다

중앙선이 보이질 않는다
　　　　　　　－이경림, 「밤길」 전문

　시를 쓸 때 외부세계와 마찬가지로 시인 자신의 삶이나 내면세계 또한 하나의 분명한 현실이기에 시의 중요한 현장이 될 수 있다. 그래서 자신을 냉정하고 솔직하게 타자화하여 바라볼 수 있는 힘 또한 시인만의 능력일 수 있다. 프로이트의 에로스 충동이 문학과 예술의 내적 충동 중 하나라는 말을 빌리지 않더라도 어쩌면 인간 모든 영역의 역사, 그 근원에는 사랑이 있을 것이다. 사랑 그 자체에 대한 기록·시행착오·환상·기다림·배신감·절망·탐구·방법에 대한 고찰 등 다양한 모습이긴 하지만 그것들은 모두 사랑을 공통분모로 하고 있다. 사랑은 사람들에게 신만큼이나 추앙받고 희구하는 대상이었으며 또한 절망과 좌절과 타락의 원인이 되기도 하는 등 막대한 영향력을 끼친 실존이다.
　이경림이 본 이 세상 사람들의 인생길은 밤길이다. 이상 이후 시작된 우리의 질주는 아직도 끝나지 않았을 뿐더러 그 속도는 전속력으로 가속됐으며 게다가 날까지 저물었다. 그래서 사람들의 만남은 깜깜한 밤이라는 아주 부정적 현실 속에서만 이루어질 수 있게 되었다. 타자와의 만남이 있어야 사랑이 있을 텐데, 오늘날 타자와의 만남은 서로 중앙선을 엄수해야 하는, 그만큼의 건널 수 없는 거리를 유지해야만 하는 만남 아닌 만남이다. 사랑은 항상 너무 환하고, 그러나 넘어서는 안 되는 생명선인 노란 중앙선 또한 너무나도 엄연하다. 이 시는 오늘 우리의 사랑의 모습이 바로 이렇다는 것을 단순 명쾌하게 보여준다. 이경림이 보여주는 오늘 우리 사랑의 길은 진정한 에로스를 위해 타나토스까지를 감당하도록 위협받는, 그래서 나를 지키기 위해 사랑을 피해야 하는 그런 가슴 떨리고 두려운 행로이다.

고등학교 다닐 때
버스 안에서 늘 새침하던
어떻게든 사귀고 싶었던
포항여고 그 계집애
어느 날 누이동생이
그저 철없는 표정으로
내 일기장 속에서도 늘 새침하던
계집애의 심각한 편지를
가져왔다.

그날 밤 달은 뜨고
그 탱자나무 울타리 옆 빈터
그 빈터엔 정말 계집애가
교복 차림으로 검은 운동화로
작은 그림자를 밟고 여우처럼
꿈처럼 서 있었다 나를
허연 달빛 아래서
기다리고 있었다.

그날 밤 얻어맞았다.
그 탱자나무 울타리 옆 빈터
그 빈터에서 정말 계집애는
죽도록 얻어맞았다 처음엔
눈만 동그랗게 뜨면서 나중엔
눈물도 안 흘리고 왜
때리느냐고 묻지도 않고
그냥 달빛 아래서 죽도록
얻어맞았다.

그날 밤 달은 지고
그 또 다른 허연 분노가
면도칼로 책상 모서리를
나를 함부로 깎으면서

나는 왜 나인가
　　나는 왜 나인가
　　나는 자꾸 책상 모서리를
　　눈물을 흘리며 책상 모서리를
　　깎아댔다.

　　　　　　　　　　—박남철, 「첫사랑」, 전문

　퍼소나(persona)의 본래 어원은 가면인데 심리학적으로는 인간이 한 사회의 구성원으로서 자신을 유지하기 위해 형성한 외적 자아라고 한다. 내면과 외면의 의식이 분화되지 않은 채 살 수 있었던 그런 행복한 시대도 있었을 것이다. 그러나 사회의 층위가 복잡하게 분화되고 인간군상의 모습 또한 계급과 이해관계에 의해 다양해지면서 인간은 퍼소나를 지니지 않고서는 사회적 존재로서의 자신을 지켜내기 어려워질 것이다.
　위의 시는 이러한 외부세계와 타자에 대한 대응 방식이 이제 가장 순수해야 할 첫사랑까지도 왜곡시키고 변질시키고 있다는 것을 여실히 보여준다. 소녀의 퍼소나인 위선(僞善)과 나의 퍼소나인 위악(僞惡)은 모두 거짓이기 때문에 그들의 만남은 사랑으로 이어지지 못한 채 실패하고 만다. 이 시대의 사랑이 위선적이거나 위악적 포즈일 뿐 진정한 사랑일 수 없다는 시인의 추상이 형상화된 시인 것이다.
　아직도 우리나라 대개 독자들의 시에 대한 인식 수준은 1930년대 퇴폐적 낭만주의의 궤적에서 크게 벗어나고 있지 못한 형편이다. 자괴와 허무의 토로라는 퇴행적 정서와 대책 없는 동정과 연민이라는 감상, 또는 현실을 회피하거나 자연을 미화하는 것이 시의 본령이라고 여기고 있는 사람들이 많다. 아래 이윤택의 시는 그런 독자들에게 이런 것도 시야라는 불편함을 느끼게 할 것이다.

　　택시가 남산 순환도로를 오르기 시작할 즈음
　　시인 고정희의 죽음을 발견했다

조선일보 사회면 1단 기사였다
그러나 나는 고정희의 죽음만 읽은 것은 아니다
고정희의 죽음보다 더 큰 유부녀 간통 사건도 계속 읽었고
만화도 봤다
고정희가 죽었다고 해서 내가 비명을 지른 것도 아니고
택시가 멈춘 것도 아니다
물론 그날의 내 영화 아카데미 강의가 중단되지도 않았다
남산 밑에서 설렁탕 한 그릇 비우고 나서야
시인 고정희의 죽음을 애도하기 시작했다
빌어먹을, 그때 왜 하필 고정희와 같이 잔 남자는 누구였을까 하는 잡생
각이 들었는지
지금까지 죄스럽다

고정희 추모식에 가서야 그녀의 죽음이 확연하게
내 느낌 속으로 들어왔다
수유리 아카데미 하우스에 모인 여성 추모객들은 왜 그렇게 섹시한지
검은 리본을 단 모시 적삼 저고리하며
추모시를 읽는 여학생의 젖은 비음까지
풋풋한 꽃 냄새를 풍기는데
나는 그만 귀밑이 달아오르고
쑥뜸으로도 풀리지 않던 배꼽 밑의 울혈이 터지면서
앗 뜨거라
줄행랑을 놓는데
나무사박다니 옴 마니 반메훔
고정희의 죽음이 내 등골을 서늘하게 타 내리면서
한 편의 시가 떠오르기 시작한 것이다
― 이윤택, 「죽음과 섹스와 시―짜라시편 4」 전문

정신과 전문의들에 의하면 불감증의 요인 대부분이 후천적이라고 지적한다. 처음에는 예민했는데 환경적 요인을 이유로 해서 서서히 그 감각을 포기하게 되는 것이다. 빈도수가 잦아지고 반복되면 그 감각은 둔화되고 긴장과 각성의 힘도 약해진다. 또 그녀는 그 불감증의 또 다른 사회적 이

름을 '관행'이라고 지적한다. 우리 사회 도처에 만연되어 있는 병리 현상들도 대부분 바로 여기서 기인한다고 한다. 개인에게 있어선 타성에 젖은 비판 부재의 이기적 태도가 바로 그것이다.

위의 시에 의하면 오늘날 우리 사회에서는 삶의 충동, 본능적 성적 자극인 원초적 에로스마저 조정되고 있다. 일상화되고 상품화된 성에 너무 노출된 나머지 위의 시의 시적 자아는 너무 빈번하고 강하게 반복적으로 가해지는 성적 충동에 시달린다. 오늘날에는 성적 충동마저도 원초적인 것이 아니라 길들여진 타성에 의해 조건반사처럼 일어나게 된다. 더욱 무서운 징후는, 자본으로의 환원 가치에 의해 지나치게 편애를 받아온 에로스가 이 시대의 에고나 슈퍼에고에 의해 철저히 은폐되고 억압받아온 타나토스와 착란을 일으키고 있다는 것이다. 이 시에서처럼 타나토스의 궁극인 죽음과 에로스가 직면했을 때 대개의 타성에 젖어 있던 에로스는 줄행랑을 놓을 수밖에 없다.

7. 상상력이 시 감상과 창작에 끼치는 영향

동서고금의 고전들은 죽음 앞에서도 당당히 맞설 수 있는 에로스의 모습을 시의 전통으로 내세워 형상화해 왔다. 죽음은커녕 삶의 조건 앞에서도 움츠러드는 에로스, 그러다 보니 자본과 권력의 일상에 의해 길들여질 대로 길들여져 자신조차 그런지 깨닫지도 못하는 타성에 젖은 에로스, 불감의 에로스 아닌 에로스, 속물적이며 천박하고 예속적인 가장 욕망답지 못한 욕망, 바로 이것이 오늘의 우리의 본모습임을 깨우쳐 주고 있다. 이처럼 시는 그 외연에서 보여주는 단순함과는 달리 상상을 통해야만 겨우 도달할 수 있는 추상이나 관념의 세계까지도 그 내부에 품고 있다.

상상력의 세계는 문학 작품 감상과 문예 창작 특히 시 창작의 비밀스런 보물을 감추고 있는 가장 중요한 보고다. 그러나 그 보물을 캐낼 수 있는 능력은 개인에 따라 각양각색이거나 천양지차가 난다. 그렇다면 어떻게 시적 상상력을 키울 수 있을까. 어이없게도 그것은 단순하긴 해도 명쾌하게 말할 수 있다. 대게 평소 사람을 대하는 한 사람의 태도는 그가 시를 보는 태도와 일치하며, 시를 사람 대하듯 하게 된다면 서서히 상상력은 자라날 것이며, 인간에 대해 더 많은 이해와 배려를 지니려고 노력할 때 그 힘은 무한히 충전될 것이다.

그런 의미에서 우리가 흔히 말하는 '좋은 시'란 다양하고 깊이 있는 상상력의 자극을 통해 우리들의 영혼에까지 그 떨림을 전할 수 있는 시일 것이라고 거칠게 정의해본다. 시의 가장 기본적이고 근본적인 요소인 은유도 바로 이러한 원리에 의해서 이루어지기 때문이다.

■ 오준

제8장 ● ● ●

시와 신화

1. 시와 신화와의 관계

　신화(神話, myth)가 현대 사회에서 중요한 관심의 대상이 되고 있는 이유는 그 비의성(秘意性)이 주는 신비감 때문일 것이다. 현대 사회는 합리적 이성의 토대 위에서 축적된 지식을 바탕으로 거대 문명이 분화・팽창하며 발전해왔으며, 그 발전은 현재까지 더 빠른 속도로 진행되고 있다. 그러나 인류의 공동 합의에 의해 경험한 근대의 문명은 인류 사회에 여러 가지 병폐를 안겨주게 되었다. 합리적 이성이 지배하는 세계의 한계를 체험하기 시작한 것이다. 그러므로 현대는 이성의 자양분에 의해 경험한 '근대'를 극복하는 과정에 자리한다. 이성의 한계점에서 일단락된 지식 사회는 이제 이성의 힘으로 풀 수 없는 보다 근원적인 문제들에 관심을 갖기 시작했다. 이미 근대를 통과한 후 숨을 고르기도 전에 새로운 자아(自我)는 인류 사회의 전 부면으로 떠올랐다. 사이버 스페이스(cyber space)를 통해 새로운 가상현실(virtual reality)을 경험했고, 그 속에서 이성이 지배했던 자아는 끊임없이 분열하며 지금까지는 존재하지 않았던, 아버지 없는 자아가 태어나기 시작한 것이다. 신화는 이러한 지점에서 새로운 지적 가능성의 기틀로서 중요한 의미를 갖는다.

신화는 신에 관한, 혹은 신성(神性)에 관한 서사를 폭넓게 통칭하는 개념이다. 그리스어로 '미토스(mythos)'가 신화이다. 이 말은 '로고스(logos)'와 대립하는 '상상의 말'을 뜻한다. 사전적 의미로는 어떤 신격(神格)을 중심으로 한 하나의 전승적(傳承的) 설화를 가리키는 것이 신화라고 할 수 있다.

시에서의 신화는 흔히 '신화적 상상력'이라는 용어로 지칭되면서 시에 나타난 신화적 특성을 살핀다. 신화의 서사가 직접 시의 제재로서 차용되기도 하며 신화가 가지고 있는 주제의식이 시 속에 삼투되기도 한다. 시에서는 신화적 이미지나 모티프(motif)를 시에 형상화한 시들을 가리켜 '신화적 상상력으로서의 시'라 일컫는다. 시 속에 나타나는 신화적 속성은 그 유래가 깊다. 왜냐하면 신화야말로 인간의 보편적인 감성을 이해시키는 데 중요한 화소(話素, motif)가 되기 때문이다.

또한 우리가 신화를 단순히 언어 이전의 감성적 사고들의 집합체들로 보기에는 다소 무리가 따른다. 신화는 그 속성 중에 매우 복잡하고 다양한 인간의 존재와 심리와 행태들이 얽혀 있기 때문이다.

> 레비 - 스트로스에 의하면 신화란 동물과 인간이 아직 서로 분리되지 않았고, 또 우주에서 차지하고 있는 서로의 영역이 아직 분명히 구분되지 않고 있었던 아주 옛날에 일어났던 이야기라는 것이다. 그러나 동시에 이 태고적의 일은 여러 가지 사물이 어떻게 만들어졌고 현재는 어떻게 되어 있으며, 장래 어떠한 형태로 남을 것인가 하는 것을 설명해주고 있다.[1)]

위의 인용에서도 볼 수 있듯이 신화의 이야기는 단순한 이야기의 차원을 넘어서서 인간 본성이 만들어낼 수 있는 여러 형태의 존재 모형들이 존재해 있다. 그 이야기의 모형들 속에는 인류가 지속되는 한 계속해서 전승되어질 수밖에 없는 개인적, 집단적인 정신적 요소가 내재해 있는 것

---

1) 전규태, 『한국 신화와 원초의식』, 이우출판사, 1980, 15쪽.

이다. 그렇기 때문에 신화는 흥미로운 이야기이며 때론 무서운 신념이 되기도 한다. 흥미로운 이야기에서 무서운 신념으로 변이될 수 있는 이유는 신화가 가진 주술적 요소와 집단 정신을 대변한다는 성격에 기인한다. 특히 현대에 세계의 존재 근거를 원자화로 세분화하게 되면서 개별 정신은 더 중요한 부분이 되었다. 하지만 이들의 공통분모를 찾아 상부구조의 신념을 찾는다는 것은 그리 쉬운 일이 아니다. 신화는 그러한 정신적 목마름의 상태에 있는 인류의 가장 가까이에서 숨쉬는 고도의 정신적 산물이다. 또한 시는 그 신화를 가장 영속적인 서사와 의미있는 작품으로 승격할 수 있는 장르이다.

2. 신화비평과 원형이론

　신화비평은 신화가 가지고 있는 비의적인 속성과 이성적 질서로 판단할 수 없는 세계관 때문에 연구의 방법론 중에서도 가장 폭넓은 영역을 가지고 있는 방법이다. 그러기에 가장 가능성 있고 야심적인 방법에 해당한다. 신화비평은 이론적 토대를 바탕으로 짜여진 범주 속에서 운용되는 다른 방법론에 비해 인간의 감성적, 심미적 관점이 더 폭넓게 수용된다. 그러한 이유로 철학·역사, 인류학, 심리학, 비교종교학 등등의 인접 인문학 분야에까지 영향을 받는다. 신화비평은 거슬러 올라가면 정신분석학의 영향을 도외시할 수 없다. 신화비평의 체계를 마련해준 융(Carl Gustav Jung)은 프로이트의 제자이면서 그의 큰 영향을 받은 학자이다. 신화비평은 인간의 내면에 존재해 있는 비이성적 요소를 발견해내면서 그 요소들을 종족이나 인류 전체의 집단적 성격과 정신을 구조화하는 데 힘쓴다. 그렇기 때문에 인류학·심리학·비교종교학 등의 학문과 밀접한 연관관계를 갖게 되는 것이다.

프레이저(James George Frazer)의 『황금의 가지』는 세계 여러 나라의 신화·민속·마술·종교에 대한 비교학적 연구를 통해 원시문화와 서양의 문화, 즉 기독교 문화와의 유사성과 공통점을 발견해내고 있다. 프레이저는 원형이 제의(祭儀)를 통해 영속성을 지니면서 이어져 오고 있다고 말한다. 즉 신화는 제의의 말짓풀이이며 제의는 신화의 몸짓풀이인 것이다. 이 저서는 문화인류학을 통하여 신화비평의 이론적 뒷받침을 해내는 중요한 저서로 손꼽히고 있다.

앞서 말했다시피 융은 신화비평의 체계를 세운 가장 중요한 역할을 한 학자이다. 융은 그의 스승인 프로이트가 가진 인간 행위를 무의식의 차원에서 해결하려는 정신분석 이론을 수렴하면서 이 이론을 확장하고 있다. 즉 인간 정신을 의식과 무의식, 그리고 집단무의식(collective unconsciousness)으로 나누고 이 중에서 집단무의식을 집중적으로 탐구한다. 결국 융이 말하는 원형 개념은 집단무의식에 기반한다. 융의 생각에 따르면 심원하고 오래된 전통의 문학은 집단무의식을 내장한 작품이다. 집단무의식을 기반으로 의식적이든 무의식적이든 집단무의식이 작품에 용해되어 새로운 세계와 형태적 양식이 탄생하는 것으로 읽고 있다. 집단무의식은 인간이 스스로 인식하지 못하는 사이에도 인간의 공통된 이미지나 화소를 지니는 공통된 정신적 공간이다. 이것을 원형(原型, archetype)이라는 개념으로 설명하는데, 원형은 탄생설화·민담·민족신화·건국 신화, 그 외 각국의 신화가 가지고 있는 서사의 요소에 공통점이 있으며 이 비슷한 패턴이나 모티브를 가리킨다. 인간이 시공간을 불문하고 어떤 공통된 패턴과 주제, 화소를 가지고 있는데 이를 원형이라 부르고 있다. 즉 원형은 역사나 문학, 종교, 풍습 등에서 수없이 되풀이 된 이미지나 화소나 테마를 가리킨다.

또한 융은 '개별화 이론'을 통해 인간의 정신구조를 파악하고 그 속에서 원형을 찾았다. 융은 세 가지의 정신 요소를 말하고 있는데, 그것은 바로 그림자(shadow), 영혼(soul), 탈(퍼소나, persona)이다. 여기에서 그림자는 무의식적 자아의 어두운 측면, 인성의 열등하고 억압하고 싶은 측면이다. 괴테의 「파우스트」에 등장하는 메피스토펠레스, 밀턴의 「실락원」에 등장하는 사탄, 셰익스피어의 「오셀로」에 등장하는 이아고와 같은 인물형이 이러한 측면을 가진 자아이다. 탈은 '가면'을 뜻하는 그리스어에서 나온 말로서 인간의 외적 인격을 가면을 통해 보여준다. 즉 외부세계와 관계 맺는 자아의 한 측면인데 이는 대부분 진정한 본래적 자아와 상충되는 면을 보여준다. 영혼은 인간이 본래 가지고 있는 내적 인격으로서 자아가 내부세계와 관계 맺는 한 측면이다. 이는 다시 아니마(anima)와 아니무스(animus)로 나누는데 아니마가 여성적 요소라고 한다면 아니무스는 남성적 요소를 나타낸다. 아니마는 몽상·꿈·이상적 자아·조용한 지속성·밤·휴식· 평화·사고기피(思考忌避)·식물·다정한 부드러움·수동적·선(善)·통합·개인적·비합리적 등의 성격을 가진다. 이에 반해 아니무스는 현실·삶의 언어·현실적 존재·역동성·낮·염려·야심·계획·사고·동물·엄격한 힘의 보관자·능동·지(知)·분열·합리적 사고·추상적 사고·국가사회 중심 등의 성격을 지닌다.

　융의 방법론으로 인해 원형이론이 새로운 비평방법론으로 활발한 연구가 진행되었다. 프라이(Northrop Frye)는 『비평의 해부』를 통해 신화비평을 더욱 심화시키는 계기를 만들었다. 프라이는 그 동안 문학비평이 단편적으로 이루어져, 여러 분야가 상충되는 부분들을 통합하는 역할이 미흡했음을 지적하였다. 원형비평은 이러한 미흡한 부분을 채워줄 새로운 문학적 방법론이며, 이론과 예술이 가진 감성적 세목들을 통합시켜줄 새로운 가능성의 방법적 연구라고 주장하였다.

　원형이란 한 사회가 공유하여 서로 소통할 수 있는 심상을 말하는데, 그것은 한 작품과 다른 작품을 연결시켜 우리의 문학적 경험을 통일시켜준다. 가령 우주의 4원소인 땅·물·불·바람과 그 변형인 바다·샘·산·동굴·정원·나무·도시 등의 시적 상징은 고대부터 현대까지 반복적으로 사용되고 있는데, 이러한 것이 바로 원형이라고 말한다.

프라이는 『비평의 해부』의 세 번째 에세이에서 원형이론을 본격적으로 이론화하고 있다. 프라이는 이 장을 '신화의 이론'이라 칭하고 원형적 의미의 이론으로 '묵시적 이미지', '악마적 이미지', '유비적 이미지'로 나누고 뮈토스의 이론으로 '봄의 뮈토스 : 희극', '여름의 뮈토스 : 로맨스', '가을의 뮈토스 : 비극', '겨울의 뮈토스 : 아이러니와 풍자'로 나누어 설명하고 있다. 프라이가 "신화양식, 즉 신에 관한 이야기는 모든 문학의 양식 중에서 가장 추상적이고 관습적인 된다."라고 말한 것처럼 주로 관습적인 부분을 이론화했다. 『비평의 해부』는 그런 의미에서 시와 신화를 이론적으로 다루고 생각할 때 가장 중요한 연구서로 꼽힌다.

3. 시에 나타난 신화적 상상력

오 형제들이여! 슬픈 백합들이여, 나는 아름다움에
번민한다 너희들의 나체 속에서 나를 갈망했기에.
하여 너희들을 향해, 요정, 요정이여, 오 샘의 요정이여,
나는 부질없는 눈물을 순수한 침묵에 바치러 온다.

크나큰 고요가 내게 귀기울이고, 거기에서 나는 희망을 듣는다.
샘물 솟는 소리 바뀌어 나에게 저녁을 이야기하고,
성스런 어둠 속 은빛 풀 자라나는 소리 들려오며,
못 믿을 달은 조용해 진 샘의 깊숙한 속까지
제 거울을 치켜든다.

그리고 나는 이 갈대밭 속에 기꺼이 몸을 던지고,
오 청옥이여, 내 서글픈 아름다움으로 번민한다!
나는 이제 마법의 물밖에는 사랑할 수가 없나니,
거기서 웃음도 옛날의 장미꽃도 잊어버리고 말았다.

네 숙명의 순수한 광채는 얼마나 한스러운가,
그리도 부드럽게 내게 안긴 샘물이여,
필멸의 푸르름 속에서 내 눈은
젖은 꽃들의 화관을 쓴 나의 영상을 길어올렸어라!

아! 영상은 덧없고 눈물은 영원하도다!
푸른 숲과 우애로운 팔들 저 너머,
모호한 시간의 부드러운 미광이 있어,
남아 있는 햇빛으로 나를 벌거숭이 약혼자로 만든다
서글픈 물이 나를 유인하는 창백한 장소에서……
환락의 악마여, 바람직하게 얼어붙었구나!
― 폴 발레리, 「나르키소스는 말한다」 부분(김현 옮김)

위의 시는 그리스 신화에 등장하는 '나르키소스'를 모티브로 삼은 대표적인 시이다. 나르키소스는 물에 비친 자신의 모습에 반하여 자기와 같은 이름의 꽃인 나르키소스, 즉 수선화가 된 그리스 신화의 미소년이다. 이 신화를 토대로 '자기애' 혹은 '자아도취'라는 '나르시시즘'이란 용어가 나온 것은 잘 알려진 사실이다.

나르시시즘은 프로이트가 이 신화를 바탕으로 정신분석 용어로 사용하면서 학문적인 용어로 귀착되었다. 프로이트의 논문 「나르시시즘에 관한 서론」에서는 프로이트가 성적(性的) 발달에 있어 나르시시즘이 차지하는 중요성에 대해 말하고 있다. 그는 이 논문에서 나르시시즘에 관한 논의에서 출발해 자아와 외부 세계의 관계를 심도 있게 헤아려 보려는 노력, 그리고 '자아 리비도'와 '대상 리비도'를 구분하는 섬세한 논리를 펼친다. 또한 '자아 이상'이라는 개념과 이 자아 이상과 관련된 자기 관찰자라는 개념의 도입, 궁극적으로 「자아와 이드」에서 언급한 '초자아'의 토대가 되기도 한 것이다.[2]

---

2) 지그문트 프로이트, 「나르시시즘에 관한 서론」, 『무의식에 관하여』, 윤희기 옮김, 열린책들, 1997, 42쪽.

나르키소스 신화에서 중요한 것은 자신을 비춰보는 행위에 있다. 자신을 비춰본다는 것은 긍정적으로 말하면 자기 반성이고, 그것 또한 사랑의 방법이다. 흔히 하는 말로 자신을 사랑하는 것만큼 어려운 일이 없다는 것은 그만큼 자기애가 보편적 이성으로는 쉬운 상황이 아님을 입증하는 말이다. 문학 작품에서 나르시시즘은 어떤 통과의례적인 모습을 띤다. 자기 반성·자기 투사·자기애는 창작자가 한번쯤은 겪거나 거쳐오는 방법이기 때문이다.

나르키소스 신화에서 보여주는 신탁은 욕망에 대한 인식이고 그 인식의 끝을 아는 것이다. 나르키소스가 욕망을 발견하는 것은 물에 비친 자신의 모습을 발견하는 지점이고 그 인식의 끝은 죽음으로 완성된다. 그 죽음이 수선화로 화하는 것은 신화의 미학적이고 환상적인 성격에 기인한다.

나르키소스의 '번민'은 '아름다움' 때문이다. 이 '아름다움'은 욕망을 발견한 상태에 놓여진 심리상황이다. 그리고 '부질없는 눈물'을 통해 그 심리 상황의 덧없음, 고통을 말한다. 이 눈물은 알면서도 행하는 자아의 근원적 무지의 소산이다. '순수한 침묵'은 무서운 이미지로 다가온다. '눈물'을 '순수한 침묵'에 바치러 오기 때문이다. 그렇기 때문에 '침묵'은 일종의 억압기제인 듯싶지만 논리적으로 '침묵'은 아름다운 대상일 뿐이다. 대상은 그대로 있는데 자아가 스스로 대상에게 투사되고 끝내 스스로 대상을 두려워하게 된다. 이 대상은 '자연'과 같다. 자아가 물에 비친 자신의 모습을 보면서 스스로의 아름다움에 도취되어 있을 때 침묵을 하는 타자는 자연밖에 없다. 샘물이 침묵하고 달이 침묵한다. 침묵하고 있기에 두려운 것이다. 그래서 달은 '못 믿을 달'로 표현된다.

물을 보는 행위는 자신을 보는 행위이고 이는 자기 반성이면서 동시에 자기 도취이기도 하다. 자신을 보는 행위는 거울을 보는 행위와도 같다. 거울은 많은 상징을 담고 있다. 우리에게 잘 알려진 이상(李想)의 「거울」이란 작품에서 볼 수 있듯이 정신분석학에서 거울은 중요한 의미를 담당하고 있다. 거울은 자기 원천을 감응하는 데 이르러 소리나 빛의 파장, 어떤 사물에 의해 취해지도록 시키는 이 소리나 빛의 파장은 그리하여 그 그림자에 지나지 않는 것이며, 거기에는 그대로 '반사시켜' 주는 그 무엇이 존재하는 것이다.3)

  新婦는 초록 저고리 다홍치마로 겨우 귀밑머리만 풀리운 채 新郞하고 첫날밤을 아직 앉아있었는데, 新郞이 그만 오줌이 급해져서 냉큼 일어나 달려가는 바람에 옷자락이 문 돌쩌귀에 걸렸습니다. 그것을 新郞은 생각이 또 급해서 제 新婦가 음탕해서 그 새를 못 참아서 뒤에서 손으로 잡아다리는 거라고, 그렇게만 알곤 뒤도 안 돌아보고 나가버렸습니다. 문 돌쩌귀에 걸린 옷자락이 찢어진 채로 오줌 누곤 못 쓰겠다며 달아나 버렸습니다.
  그러고 나서 四十年인가 五十年이 지나간 뒤에 뜻밖에 딴 볼일이 생겨 이 新婦네 집 옆을 지나가다가 그래도 잠시 궁금해서 新婦방 문을 열고 들여다보니 新婦는 귀밑머리만 풀린 첫날밤 모양 그대로 초록 저고리 다홍치마로 아직도 고스란히 앉아 있었습니다. 안쓰러운 생각이 들어 그 어깨를 가서 어루만지니 그때서야 매운 재가 되어 폭삭 내려앉아 버렸습니다. 초록 재와 다홍 재로 내려앉아 버렸습니다.
               ─서정주,「新婦」전문

 위의 시는 서정주의 시집 『질마재 신화』에 첫 번째로 수록되어 있는 작품이다. 서정주 문학 속에서 『질마재 신화』는 가장 한국적이고 토속적인 정서에 몰입한 시기이다. 또한 시인의 원적지인 전북 고창 '질마재'라는 공간을 신화적인 공간으로 환치함으로써 실재의 공간을 확장시켜나가고 있다.
 위 시에서는 '신부'를 통해 체험적 사실을 구체적으로 전달하고 있다. 이 이야기는 신랑과 신부가 함께 맞는 첫날밤에 신랑이 오줌이 급해져서 방을 나갈 때 문 돌쩌귀에 옷이 걸린 것을 신부가 잡아끄는 것인 줄로만

---

3) 아지자・올리비에리・스크트릭 공저,『문학의 상징・주제 사전』, 장영수 옮김, 청하, 1989, 248쪽.

안 신랑의 오해로부터 시작된다. 신랑의 오해는 신부가 평생을 걸쳐 그 자리에 신랑이 오기만을 기다린 한(恨)의 시간을 만들어 낸다. 그리곤 초록 재와 다홍 재로 내려앉는 신부의 운명은 그야말로 눈물을 자아내게 하는 한의 절정을 이룬다. 위의 시를 통해 우리는 한국 유교문화에서의 결혼이라는 제도와 여성이 체험할 수밖에 없는 한의 정서를 대리적으로 체험할 수 있다. 정절과 일부종사를 최고의 여성 미덕으로 생각하는 우리의 유교 문화 속에서 여인의 운명적 삶이 어떤 모습으로 투영되어 있는지를 알 수가 있는 것이다.

   서정주의 「신부」는 한 여인이 한 남자를 기다리는 서사 속에서 운명적 사랑과 그 운명의 가혹함이 유교적 정신세계와 결부되면서 우리에게 어떤 메시지를 전달해준다. 이러한 서사적 측면은 각 부족 공동체마다 있는 열녀문에 대한 설화 등을 통해 쉽게 알 수가 있다. 또한 백제 가요 「정읍사」와 관련된 망부석 전설, 신라시대 박제상의 아내가 일본에 간 남편을 기다리다 치술령 고개 위에 선 채로 돌이 되었다는 전설 등과 일맥상통하는 부분들이 있다. 우리 시에서 신화적 상상력은 이렇듯 오래 전부터 구전되어온 구비적 설화의 모습을 띠며 시 속에 투영되어 있는 경우가 많이 있다.

   접동
   접동
   아우래비 접동

   진두강 가람가에 살던 누나는
   진두강 앞 마을에
   와서 웁니다.

   옛날 우리 나라
   먼 뒤쪽의
   진두강 가람가에 살던 누나는

의붓어미 시샘에 죽었습니다.

누나라고 불러 보랴
오오 불설워
시샘에 몸이 죽은 우리 누나는
죽어서 접동새가 되었습니다.

아홉이나 남아 되는 오랍동생을
죽어서도 못 잊어 차마 못 잊어
야삼경 남 다 자는 밤이 깊으면
이 산 저 산 옮아가며 슬피 웁니다.
―김소월, 「접동새」 전문

　위의 시 김소월의 「접동새」 또한 설화적인 모티브를 시 속에 투영한 작품에 해당한다. 「접동새」는 1923년 3월 『배제』 2호에 수록된 김소월의 대표시 가운데 한 작품이다. 슬픈 가족사를 통해 가족이라는 혈연공동체의 그리움과 애절한 감정을 노래한 작품이다. 위의 시 또한 평안도 백천 진두강가에 살던 오누이에 대한 설화를 바탕으로 한다. 설화의 내용은 이렇다. 평안도 백천에 살던 오누이는 오래도록 계모의 학대를 받다가 결국 누이가 죽어 접동새가 되었다. 그리곤 접동새는 계모 밑의 아홉 오라비들을 찾아 밤마다 슬피 울고 다닌다는 전설이다. 위 시를 통해 우리는 한국인의 정서를 읽어낼 수 있다. 가족 공동체를 민족의 심원하고 의미있는 정서의 자원으로 생각하고 있다.
　「접동새」를 통해 확인할 수 있는 계모 모티브는 특히 우리나라 북부지방에 널리 유포되어온 「장화홍련」을 차용했을 가능성이 많다. 이런 모티브는 주로 동화에서 많이 등장하는데 사악한 마녀나 계모 등을 통해 착한 딸이나 공주 등이 핍박을 받는 서사로 진행되고 있다. 서양에서도 동일한 정서의 모티브를 「신데렐라」나 「백설공주」 같은 동화를 통해 확인할 수 있다.

꼬르도바.
멀고 고적한 그곳.

말은 검은 조랑말, 달은 휘둥그래 크기만 하고
배낭에는 올리브 열매 몇낱.
길은 알아도, 영원히
난 꼬르도바에 가진 못하리.

광야로, 바람 속으로,
말은 검은 조랑말, 달은 시뻘건 핏빛.
꼬르도바 첨탑 위에서
나를 지켜보고 있는 죽음.

아 멀고 먼 길이여!
아 용감한 나의 조랑말!
아 꼬르도바, 꼬르도바에 도착하기 전
죽음이 나를 기다린다네!

꼬르도바.
멀고 고적한 그곳.

— 페데리꼬 가르시아 로르까, 「꼬르도바」(민용태 옮김)

　위의 시는 18세기 안달루시아 꼬르도바에서 일어난 이야기를 중심 서사로 다루고 있다. 당시 안달루시아로 가는 길에는 산적이 많았다. 특히 험한 산길을 넘어가야만 당도하는 꼬르도바에 가기 위에서는 산적을 피해 갈 수는 없다. 산적을 만나 죽음을 담보로 그곳을 넘어가야만 하는 꼬르도바. 그러므로 꼬르도바는 죽어야만 갈 수 있는 상징이 되었다. 중세의 아랍문화의 성지인 꼬르도바는 시에서 나타나듯 나그네가 죽음이 기다리고 있다는 것을 알면서도 가고자 하는 공간이다. 즉 그 공간은 나그네의 고향, 원형적 공간이며 더 나아가 유토피아의 공간이라고 할 수 있다. 그곳을 알아도 영원히 그곳을 가지 못하는 것이 이 현실 세계의 인식이다.

> 바다 위에서 눈은
> 부드럽게 죽는다.
>
> 죽음을 덮으려
> 눈은 내리지만
>
> 눈은 다시
> 부드럽게 죽는다.
>
> 부드럽게 감겨 있는
> 눈시울의 바다.
>
> 얼굴 위에 쌓인
> 눈의 무게는
> 보지 못하지만
>
> 그의 내면에는
> 눈이 내리고 있다.
>
> ―「데드마스크」, 전문

　허만하의 시 「데드마스크」는 바다의 원형적 이미지를 담고 있다. '눈'에게 '바다'는 '죽음'의 공간이다. 하지만 그 죽음의 공간은 공포와 두려움의 공간이기보다는 부드러움을 간직한 공간이다. 왜냐하면 눈은 바다라는 공간 안에 들어와 부드럽게 죽기 때문이다. 이로써 바다는 여러 의미를 함께 지니고 있는 것으로 볼 수 있다. 즉 눈은 자기 존재의 소멸까지 덮어버리고 싶은 부정의 정신 속에서 바다의 포용적 세계와 만나 죽음이 부드러움으로 변용되는 감정적 전이(轉移)를 느끼게 되기 때문이다.
　바다·강·호수·물 등은 오래 전부터 가장 포괄적이고 깊은 의미의 원형적 이미지를 가지고 있다. 바슐라르는 「공기와 꿈」에서 물을 "아름답고 성실한 죽음의 재료"라고 한다. 또한 물은 시간을 의미한다. 흘러가는 강을 보며 느끼는 영속성 혹은 삶의 무상을 느끼는 것은 이러한 예에 속한다. 물은 또한 재생(再生)의 상징이기도 하다. 물로 세례를 받는 기독교적인 의식 속에서도 그 예를 찾아볼 수 있다. 또한 기독교도들은 믿음의 백성들을 물고기로 상징하고, 고기 잡는 어부로 신자들의 선민의식을 의미화한다. 물은 또한 죽음을 의미한다. 바다라는 공간 속에서 삶의 터전을 이루고 산 어부들의 이야기 속에는 항상 바다는 공포와 외경심을 가지고 있다. 즉 바다는 할아버지와 아버지를 빼앗아간 곳이기도 하며 자신 또한 바다로 돌아갈 수 있는 가능성은 언제나 존재한다.

    물과 바다에 죽음의 이미지가 있는 반면, 위의 허만하의 시에서 보듯 그 반대로 포용의 원형을 가지고 있기도 하다. 포용은 어머니로 대변되는 모성적 세계관이며 생명의 성소이다. 즉 물은 창조의 신비·탄생·죽음·소생·정화·속죄·풍요의 원형적 이미지를 가지고 있다. 물 혹은 바다는 모성적 세계로서의 어머니, 죽음과 재생, 무한성, 영혼의 원형적 이미지를 복합적으로 가지고 있는 신화적 공간인 것이다.

■ 이재훈

제9장 ● ● ●

시와 도시

흡족한 마음으로 나는 산에 올랐다.
그곳에서 도시를 상세히 내려다볼 수 있었다오.

병원, 창가(娼家), 연옥(煉獄), 지옥, 도형수의 감옥 등.

이곳에서 모든 기상천외의 일들이 꽃처럼 피어난다.
오, 나의 고뇌의 수호신, 사탄이여, 그대는
내가 여기서 헛된 울음이나 흘리려는 게 아님을 알고 있소.

그보다는 늙은 창녀에 취한 늙은 호색한처럼
이 거대한 갈보, 수도에 취하고 싶소.
그녀의 지옥 같은 매력이 나를 끊임없이 젊게 해준다오.

감기든 그대가 아직 아침 잠자리 속에
무겁고 우울하게 잠자고 있든, 혹은 섬세한 금줄 장식의
저녁 야회복을 입고 으스대고 있든,

오, 더러운 수도여! 나는 그대를 사랑하오!
창녀들, 그리고 비적들, 그대들은 나에게 그처럼 자주 숨은 쾌락을 주는군ㅡ,
저속한 범인들은 이해하지 못하는.

― 보들레르,「에필로그」[1] 전문

1. 파리(Paris)

보들레르는 『파리의 우울』 마지막 시편인 「에필로그」에서 도시가 상세히 내려다보이는 산에 올라 기상천외한 일들이 벌어지는 도시를 바라본다. 환자들이 득실거리는 병원, 돈으로 성(性)을 사고 파는 매음촌, 죄수들로 넘쳐나는 감옥 등을 보면서 보들레르는 오히려 도시의 더러움과 부패의 온갖 일들을 "꽃처럼 피어난다"고 표현한다. 그에게 도시는 "지옥 같은 매력"을 가진 그녀이며 "더러운 수도"이며 "쾌락을 주는" 곳이다.[1] 이는 보들레르에게 지닌 도시의 의미가 무엇인지 분명히 암시하고 있다. 보들레르는 고전적 미의 회복 내지 복원을 희망하지 않았다. 그는 도시로 대표되는 모더니티 앞에서 몸을 움츠리거나 중세의 자연과 숲으로 회귀하지 않았다. 오히려 그는 대도시 파리의 군중 속을 걸어 다니면서 현대의 아름다움을 찾아냈다. 보들레르에게 더러운 도시는 매혹될 만한 미적 대상이었던 것이다.

보들레르는 「현대적 삶의 화가」에서 자신이 애착을 가지는 미적 대상에 대해 더욱 분명한 입장을 밝힌다. 그가 애착을 가지는 것은 "현재의 풍속을 그린 그림들"이다. 우리가 "현재의 재현에서 추출하는 즐거움은 현재를 감싸고 있는 그 아름다움에서뿐만 아니라 현재의 본질적인 특성에서 기인"[2]한 것이라고 보들레르는 말한다. 즉, 보들레르가 옹호하는 아름다움은 현재라는 시간과 도시라는 공간에서 피어오르는 꽃이다.

보들레르가 살았던 시대[3]의 파리에서는 극적인 일들이 일어났다. 그 중에서도 1848년은 그 변화의 흐름에 커다란 획을 그은 해였다. 그 해에는 온 사방에서 굶주림과 실업과 빈곤과 불만이 팽배했고, 사람들이 생계수단을 찾으려고 도시로 몰려들었고, 그 가운데 많은 수가 파리를 중심으

---

1) 보들레르, 『파리의 우울』, 윤영애 옮김, 민음사, 1979, 241쪽.
2) 보들레르, 「현대적 삶의 화가」, 박기현 옮김, 『세계의 문학』, 민음사, 2002 봄, 22쪽.
3) 보들레르는 1821년에 태어나 1867년에 죽었다.

로 모였다.4) 공화주의자와 사회주의자들은 군주제와 상대하려는, 적어도 그것이 애초에 약속한 민주적 개혁을 요구하겠다는 결심을 하고 있었다.5)

1848년 2월 23일 파리의 카푸친 대로에서 외무성 앞에서 벌어진 별로 크지 않은 시위가 당국의 통제 범위를 벗어나, 진압부대가 시위자들에게 발포하여 50명 가량을 죽였다. 그 뒤로 살해된 사람들의 시체를 실은 수레와 횃불이 밤새 도시 전역을 장악했다.6) 밤이 지나고 새벽이 되자 노동자, 학생, 불만을 품은 부르주아, 소규모 부동산 소유주들이 함께 거리로 몰려나왔다. 그것은 혁명이 시작되는 새벽이었고 보들레르는 시위에 말려들었다. 그러나 사회주의 혁명은 실패했다.

이러한 혁명의 소용돌이를 거치면서 오스망7)은 파리를 특별 행정구로 만듦으로써 자신의 독재 기반을 확보하려고 했다. 오스망은 교통망을 조직하고, 하수도를 정비하고, 시테 섬을 중심으로 시청과 구청들, 도서관·교회·극장·공공시장 등을 전 도시에 분포시키고, 파리의 구(arrondissement)를 20개로 나누었다. 하지만 오스망의 사업의 결과 집값은 폭등했고 프롤레타리아는 교외로 밀려날 수밖에 없었다. 파리의 주민들에게 파리는 더 이상 자기 집처럼 느껴지지 않게 되었던 것이다. 오스

---

4) 파리는 1831년 78만 6천명에서 1846년 1백만 명으로 급증했다. 데이비드 하비, 『모더니티의 수도, 파리』, 김병화 옮김, 생각의 나무, 2005, 139~141쪽 참조.
5) 데이비드 하비, 같은 책, 10쪽.
6) 데이비드 하비, 같은 책, 10쪽.
7) 오스망(Haussmann, Baron Georges Eugene, 1809~1891) : 법학을 공부하고 1831년에 공직에 들어갔다. 나폴레옹 3세 치하에서 센 강 담당 지사로서 파리의 대규모 개조 작업을 시작하고 주도했다. 이를 위해 19세기 전반에 만들어진 많은 구역과 아케이드들을 없애버려야 했다. 지금의 파리가 개선문을 중심으로 방사선으로 뻗은 일직선의 길다란 12개의 도로를 가지게 된 것은 바로 이러한 정치적 배경이 있었다. 즉 노동자들의 집회를 효율적으로 제압하기 위해 방사형의 일직선 도로를 만들었던 것이다. 오스망의 계획도시 결과 파리 중심가에는 부르주아지들의 주거지와 화려한 상점들이 들어섰고 변두리에는 노동자들의 집단 주거지가 형성되었다. 발터 벤야민, 「아케이드 프로젝트」, 조형준 옮김, 『세계의 문학』, 민음사, 2002 봄, 90쪽. 각주 재인용.

망이 주도한 공사의 진정한 목적은 내전에 맞서 도시의 안전을 확보하는 데 있었다. 그는 파리의 거리들에서 노동자들의 바리케이드8)가 세워지는 것을 영원히 불가능하도록 만들고 싶었다. 오스망은 거리를 확대해 바리케이드를 세우는 것을 불가능하게 만들고, 새로운 거리를 만들어 군대가 노동자 구역과 직선으로 연결되어 공격할 수 있도록 만드는 것이 주목적이었다. 동시대인들은 이러한 사업에 '전략적 미화(美化) 사업'이라는 이름을 붙여주었다.9) 즉 19세기의 수도 파리는 근대화라는 미명 속에서 계획적이고 폭력적인 방식으로 건설된 메트로폴리스였던 것이다. 그 결과 파리의 변두리로 많은 노동자들과 부랑아, 노동력을 상실한 늙은이들과 거지들이 이주하게 되었다.

> 붐비는 도시, 환상이 가득한 도시,
> 그곳에선 한낮에도 유령이 행인이 달라붙는다!
> 신비는 도처에서 수액처럼
> 억센 거인의 좁은 배관 속을 흐르고 있다.
>
> 어느 날 아침 음산한 거리에서
> 안개 때문에 더 높아 보이는 집들이
> 불어난 강의 양 둑같이 보이고,
> 더럽고 누런 안개는 배우의 넋을 닮은
>
> 배경이 되어 사방에 넘쳐흐를 때,
> 나는 주역을 맡은 인물처럼 신경을 곤두세우고
> 이미 지쳐버린 내 넋과 말싸움을 벌이며,
> 육중한 달구지로 흔들리는 성 밖 변두리 지역을 가고 있었다.

---

8) 바리케이드는 사실 반란음모 운동의 부동의 중심과 같은 것이었다. 그것은 그 나름의 혁명적 전통을 지니고 있었다. 1830년 7월 혁명기에는 4천 개 이상의 바리케이드가 도시의 사방에 고랑을 이루었다. 발터 벤야민, 「보들레르 작품에 나타난 제2제정시대의 파리」, 황현산 옮김, 『세계의 문학』, 1986 여름, 144쪽 참조.
9) 발터 벤야민, 「아케이드 프로젝트」, 조형준 옮김, 『세계의 문학』, 민음사, 2002 봄, 91쪽.

난데없이 한 늙은이, 우중충한 하늘빛을 흉내낸 듯,
누런 누더기를 걸치고, 혹 그 눈 속에서
빛나는 심술궂은 기색만 아니었다면,
비 오듯 쏟아지는 동냥을 받았음직한 그런 꼴로,

내 앞에 나타났다, 그의 눈동자는 담즙에
담근 것 같고, 그 눈초리는 서릿발 같다.
덥수룩 자란 턱 수염은 칼처럼 뻣뻣하게
유다의 수염처럼 내밀고 있었다.
― 보들레르,「일곱 늙은이들」[10] 부분

    1859년에 씌어진 이 시는 『악의 꽃』에서 파리의 풍경을 담은 「파리 풍경」 장(章)에 실려 있는 작품으로 작품의 전반부에 해당한다. 「파리 풍경」에 등장하는 인물들은 도시 변두리에 살고 있는 거지들, 장님들, 지나가는 어떤 여인, 노파들, 늙은이들, 늙은 창녀들, 노름꾼 등이다. 이들 모두는 보들레르 이전 시인들에게는 도저히 시적 대상이 될 수 없었지만 도시를 경멸하면서도 매혹되어 거리를 산책하던 보들레르에게는 훌륭한 시적 대상이 되었다. 그 중에서도 「일곱 늙은이들」은 사람들이 붐비고 환상이 가득한 도시, 파리의 변두리에서 보들레르가 늙은이를 친근하게 바라보는 풍경을 그리고 있다. 늙은이에 대한 세밀한 묘사 속에는 보들레르의 동일시가 숨어 있다. 도시의 우울과 비애를 겪을 수밖에 없는 도시 서민들을 바라보며 몽상에 빠지는 보들레르의 서글픈 서정을 그려내고 있는 이 작품은 보들레르가 도시의 산책자이자 도시에 등장한 최초의 시인임을 유감없이 보여준다. 보들레르는 도시의 사물과 사람들에 대한 관조자이자 관찰자로서 매순간 일회적인 찰나일 수밖에 없는 도시에서의 만남의 순간을 영원한 것으로 승화시킨다. 현대의 순간적 체험을 영원한 것으로 끌어올리는 것이 미적 현대성임을 보여주고 있는 것이다.
    현대 도시에서 체험할 수밖에 없는 일시적이고 우연적이고 순간적인

---

10) 보들레르, 『악의 꽃』, 윤영애 옮김, 문학과지성사, 2003년, 223쪽.

만남과 사건들이 덧없이 사라지는 것을 막고 시인의 의식 속에 그것들을 붙잡아 미적인 형상을 지닌 것으로 표출하여 영원한 것으로 그려내는 것이 미적 현대성이다. 그런 까닭에 미적 현대성은 현대라고 하는 역사와 도시라는 공간으로부터 자유롭지 못하다. 유한한 존재로써 살아가는 시인이 체험하는 것은 몰역사적 시간의 토대에서 발생한 것이 아니라 역사적 시간 속에서 순간적으로 생기(生起)된 것을 체험하여 그것을 작품으로 형상화한다는 의미를 지니기 때문이다. 예술 작품의 역사성은 이런 맥락에서 획득되며 예술 작품 내부에는 당대의 역사적 지식을 포함하는 동시성의 성격을 지니게 된다. 예술의 신전에는 순수한 미적 의식에 나타나는 무시간적 현재가 아니라, 역사적으로 모여들어 집합하는 정신의 활동이 깃들어 있는 것이다. 그런 의미에서 보들레르가 말한 시의 "현대성이란, 역사적인 것 안에서 유행이 포함할 수 있는 시적인 것을 유행으로부터 끌어내는 것, 일시적인 것으로부터 영원한 것을 끌어내는 것"11)이 지시하는 바가 무엇인지 알 수 있다. 시의 현대성은 매순간 빠른 속도로 변화하고 생성하고 소멸하는 대도시에서 뿜어져 나오는 순간의 시학이며 도시라고 하는 "악(惡)의 꽃"인 것이다. 그런 이유로 보들레르는 "현대성이란 일시적인 것, 순간적인 것, 우연한 것으로 예술의 반을 이루고, 나머지 반은 영원한 것, 불변의 것"이라고 말하면서 "너무나 자주 변화하는 이 일시적이고, 순간적인 요소가 경시하거나 간과되어서는 안 된다"12)고 주장한다. 이는 대도시에서의 체험(erlebnisse)을 시로 써야 하는 보들레르에게는 너무나 당연한 말인 것이다.

---

11) 보들레르, 앞의 책, 34~35쪽.
12) 보를레르, 앞의 책, 35쪽.

2. 런던(London)

나는 가까이 법제화(法制化)된 템스가 흐르는
모든 법제화된 거리를 헤매며
마주치는 모든 얼굴에서
허약하고 비탄에 잠긴 표정을 본다.

사람마다의 울음 속에서
모든 어린아이의 공포에 질린 울음 속에서
모든 목소리와, 모든 금지령 속에서
나는 인간이 만들어 낸 굴레를 듣는다.

굴뚝 청소에 시달린 어린아이들의 울음소리가
얼마나 음험한 교회를 간담 서늘케 하며,
모든 불운한 병사의 탄식은
궁정 담 밑으로 피가 흐르는 것을,

그러나 한밤의 거리에서 나는 듣는다.
젊디젊은 창부의 저주가 어떻게
새로 태어나는 아이들의 눈물을 말리며
새로운 한 쌍의 결혼을 영구(靈柩)가 되게 하는가를.

― 윌리엄 블레이크, 「런던」[13] 전문

블레이크[14]의 「런던」은 템스 강(江)마저도 법으로 제정된 비정한 도시로 묘사되고 있다. 화자는 거리를 헤매면서 도시인들의 "허약함과 비탄에 잠긴 표정"을 본다. 또한 대도시 런던 사람들의 울음 속에서도 작동하고 있는 도시의 비가시적인 억압 기제, 혹은 지배 권력이 사람들을 금지령으로 묶고 굴레를 만들고 있음을 듣는다. 어린아이조차 굴뚝 청소에 동원되는 노동 착취와 영국이 식민지를 확대하는 과정에서 죽어야 했던 병사의

---

13) 윌리엄 블레이크, 『천국과 지옥의 결혼』, 김종철 옮김, 민음사, 1996, 38~40쪽.
14) 윌리엄 블레이크는 1757년 영국 런던에서 태어나 1827년에 죽었다.

탄식, 성병에 걸린 젊은 창녀의 저주 소리를 들으며 태어난 아이의 눈물, 그 창녀들의 성관계를 결혼으로, 더 나아가 영구(靈柩)로 치환시키는 블레이크의 메타포는 단지 '런던'이라는 도시에 국한되지 않고 당대의 영국과 제국주의 전쟁에 나선 유럽 전체로 확장시키는 환기력을 가지고 있다. 그러한 지배권력 탓에 희생된 "어린아이의 공포에 질린 울음"과 "불운한 병사의 탄식"이 "궁정 담 밑으로 피"가 되어 흐르는 현실을 비판하고 있는 것이다. 곧 도시에서의 결혼은 그 어떤 축복받은 시작과 탄생을 의미하는 것이 아니라 결혼 자체가 도시에서 빠져나올 수 없는 무덤, 즉 '영구(靈柩)'가 되는 것을 의미한다.

> 오 장미여, 너는 병들었구나!
> 보이지 않는 벌레가
> 밤 속에
> 울부짖는 폭풍 속을 날아
>
> 너의 침상에서
> 진홍빛 기쁨을 찾아냈다
> 그리하여, 이 어둡고 비밀스러운 사랑이
> 너의 생명을 망친다
>
> ─블레이크, 「병든 장미」[15] 전문

블레이크의 「병든 장미」는 다양하게 해석될 수 있는 여지를 주고 있는 작품이면서도 보들레르의 『악의 꽃』이 상징하는 바와 같이 도시에 대한 비판을 보여주는 뛰어난 시적 형상화로 해석할 수 있다. 벌레와 장미꽃의 대립적 이미지를 통해 도시와 아름다움, 혹은 생명을 파먹는 도시를 상징적으로 보여주고 있다. 이와 같이 시의 현대성은 앞서 논한 보들레르의 그것처럼 순간적이고 일시적인 것에서 영원한 것을 발견하고 끌어올리는 것이면서도 블레이크처럼 현대 도시에서 살아가야 하는 삶의 고통을 발

---

15) 블레이크, 앞의 책, 46쪽.

견하고 우리들의 가슴에 아픔과 연민을 건네주는 면모도 지니고 있다.

한편 엘리엇16)에게 런던은, "해가 쪼아대고 죽은 나무에는 쉼터도 없고/귀뚜라미도 위안을 주지 않고/메마른 돌엔 물소리도 없"고 "단지 이 붉은 아래 그늘이 있"17)는 황무지로 보인다. 도시의 불모성을 나타내는 이 시구는 「황무지」의 주제에 다름 아니다. 엘리엇에게 런던은,

> 현실감 없는 도시,18)
> 겨울 새벽의 갈색 안개 밑으로
> 한 떼의 사람들이 런던 교(橋) 위로 흘러갔다.
> 그처럼 많은 사람을 죽음이 망쳤다고 나는 생각도 못했다.
> ─ 엘리엇, 「황무지」19) 부분

라고 말할 만큼 황폐한 도시이다. 새벽부터 출근하는 도시 사람들이 갈색 겨울 안개 속으로 들어가면 한 떼의 죽음이 연출되는 것이다. 그 안개는 굴뚝에서 뿜어져 나오는 스모그를 연상시키고 동시에 대도시의 익명성과 소통 부재로 인한 소외와 희미하게 사라지는 개인의 존재를 상징한다. 더 나아가 도시에서 살아가는 익명의 사람들의 삶을 연상시킨다. 이 시에서 런던 교 아래로 흐르는 템스 강은 어떤 자연적 대상으로서 동일시될 만한 강이 아니라 산업화로 인해 오염된 강이자 사람들의 시체가 흐르는 죽음의 강으로 나타나고 있다. 「황무지」에 언급된 스트랜드 가(街), 퀸 빅토리아 가(街), 킹 윌리엄 가(街), 성(聖) 메어리 울노스 성당, 런던 다리, 템스 강, 로우어 템스 가(街) 등은 대도시 런던의 풍경을 실재하는 도시로 보여주면서 동시에 기계적으로 출근하고 퇴근하는 익명의 군중들이 마치 안개처럼 몰려드는 비현실성을 더욱 강조하고 있다. 20세기에 산업적으

---

16) T.S. 엘리엇은 1888년에 태어나 1965년에 죽었다.
17) T.S. 엘리엇, 『황무지』, 황동규 옮김, 민음사, 1995, 48쪽.
18) 앞서 인용한 보들레르의 「일곱 늙은이들」의 1행과 2행 "환상이 가득한 도시,/그곳에선 한낮에도 유령이 행인이 달라붙는다"를 엘리엇이 각주로 든 바 있다.
19) T.S. 엘리엇, 앞의 책, 56쪽.

로 성공한 도시, 런던을 배경으로 그린 작품인 「황무지」는 어부왕 신화를 통해 재생의 몸짓을 그리고 있음에도 불구하고 "무너진 무덤들 너머 성당 주위에서,/단지 빈 성당이 있을 뿐, 단지 바람의 집이 있을 뿐"20)이라고 말한 엘리엇의 현대 도시와 문명에 대한 입장은 암울할 정도로 종말론적이다.

3. 京城 그리고 서울(Seoul)

9
喪章을부친暗號인가 電流위에올나앉어서 死滅의'가나안'을 指示한다
都市의崩落은 아-風說보다빠르다

10
市廳은法典을감추고 散亂한 處分을拒絶하엿다
'콩크리-트'田園에는 草根木皮도없다 物體의陰影에生理가없다
-孤獨한奇術師'카인'은都市關門에서人力車를나리고 항용 이거리를 緩步하리라
― 이상, 「破帖」21) 부분

식민지 조선의 수도는 경성22)이 아니었다. 조선이 식민지 상태였기 때

---

20) T.S. 엘리엇, 앞의 책, 110쪽.
21) 이상, 『이상 문학전집 1 시』, 이승훈 엮음, 문학사상사, 1989, 207쪽.
22) 일본은 1919년 도시계획법이 제정된 이후부터 근대적인 도시계획을 시작하였다. 뒤이어 1934년 실시된 조선 시가지 계획령은 일본의 도시계획법을 모방한 것으로서 이 계획령은 근대도시계획법에 다름 아니었다. 이러한 법령에 따라 조선총독은 조선의 시가지 계획구역 안에 ①주거지역, ②상업지역, ③공업지역을 지정할 수 있고, 토지 구획 정리와 건축 규정도 만들 수 있게 되어 경성 시내 기간 도로들을 따라 조선인의 이익과는 상관없이 공간 재조정이 이루어졌다. 특히 일본인 주거지역으로서 용산이, 일본인을 위한 편의시설, 관공서, 생필품 판매의 상가로서 황금정(을지로), 명치정(명동), 장곡천정(소공동), 본정(충무로)이 구획 정리되어 경성은 외관상으로 도시의 위용을 갖

문에 조선의 수도는 조선을 다스리는 일본의 수도, 도쿄였다. 경성23)은 조선의 중심인 도시로서 수부(首府)였던 것이다. 그럼에도 불구하고 식민지 근대성을 지닌 수부, 대도시 경성에서 태어나 경성에서 자란 이상24)에게 경성은 고향 자체였다. 그런 까닭에 그에게 근원적 체험으로써 농촌 체험은 무의식 속에서조차 존재하지 않는다. 이상이 1935년 8월 평남 성천이라는 시골을 여행하고 쓴「성천기행」이라는 수필은 이상이 생래적인 체험으로 지니고 있는 도시 문화의 기질25)을 여실히 보여준다. 경성 밖 시골로 간 이상에게 평남 성천은 원초적인 시골 체험이었다. 경성이라는 도시 공간과 시간의 속도가 몸에 배어 있던 이상에게 '성천'은 '권태' 그 자체로 다가오는 자연과 시골이었다. 시골 아이들이 놀다가 지쳐 더 이상 놀이를 할 것이 없어 궁싯거리다가 이내 아이들은 동그랗게 앉아 똥 누기 놀이를 한다. 그 광경을 보고 불쾌감을 느끼면서 크게 놀란 이상은 "저 아해들에게 장난감을 주라"26)고 말한다. 장난감을 주라고 말하는 이상의 무의식에는 근대적이라고 말할 수 있는, 분명 원초적인 도시 체험이 자리를 잡고 있음을 알 수 있다. 그만큼 이상의 문학이 도시에 근거지를 두고 있다는 뜻이 된다.

이상의 시「破帖」은 식민지 시대의 대도시인 경성에 대해 비관적인 심

추게 되었다. 최혜실,「1930년대 도시소설의 소설공간」,『현대소설연구』, Vol.5, No.0, 1996, 18~19쪽.
23) 1928년 경성 인구는 약 31만 5천명이었고 1934년에는 38만 2천명에 이르고 있었다. 1934년 부산・평양・대구・인천・개성 등의 도시도 인구 5~15만에 이르고 있었다. 특히 경성은 북서쪽의 남만주를 잇는 경의선, 북동쪽의 북만주를 잇는 경원선・함경선(1928년 10월 개통)과 남쪽 부산으로 이어지는 경부선 등이 통과하는, 교통과 상업의 중심지로서 한반도 내에서 일제의 가장 큰 시장이었다. 서준섭,「모더니즘과 1930년대의 서울」,『한국학보』,Vol.12, No.4, 1986, 97쪽.
24) 이상은 1910년 서울 통인동에서 태어나 1937년에 죽었다.
25) 이상은 자기 자신을 "전기기관차의 미끈한 선, 강철과 유리, 건물구성, 예각, 이러한 데서 美를 발견할 줄 아는 世紀의 人"이라고 말한다. 이상,『이상문학전집 3 수필』, 김윤식 엮음, 문학사상사, 1993, 80쪽.
26) 이상, 같은 책, 117~120쪽.

리를 묘사하고 있다. 위에서 언급한 바와 같이 9연에서는 "도시의 붕락"과 가나안으로 상징되는 낙원의 빠른 사멸을 이야기하고, 마지막 10연에서는 풀과 나무도 없는 "콘크리트 전원"으로 표상되는 도시(시청)가 감추고 있는 법과 질서에 대해 비판하고, 그 도시는 동생 아벨을 살해한 카인에 의해 저주받고 살해될 것임을 암시하고 있다. 즉 이상에게 경성과 같은 대도시는 자신의 친숙한 고향이면서도 그의 시「오감도」의 질주하는 아해가 탈주할 수 없는 막다른 골목인 것이다.

이상이 죽고 식민지 시대를 거쳐 다시 전쟁의 폐허를 딛고 1970년대의 국가 주도의 근대화에 의해 건설된 서울은 1990년대에 들어 더욱 세계적인 도시 중의 하나가 되었다. 그럼에도 불구하고 파리・런던・경성과 마찬가지로 대도시인 서울은, 시인에게 우울과 죽음의 향기를 내뿜는다는 점에서 보들레르 이래로 도시가 갖고 있는 속성을 여전히 드러내고 있다. 1930년대 이상이 동경제대 부속병원에서 쓸쓸히 혼자서 맞이해야 했던 죽음처럼 1990년대와 세기말을 앞둔 1989년, 기형도가 서울 한복판의 심야 극장에서 외롭게 죽음을 맞이한 것은 상징적이다. 시인이 살아야 하는 도시가 어떤 공간인지 극명하게 보여주는 사건이었다.

> 김은 주저앉는다, 어쩔 수 없이 이곳에
> 한번 꽂히면 어떤 건물도 도시를 빠져나가지 못했다
> 김은 중얼거린다, 이곳에는 죽음도 살지 못한다
> 나는 오래 전부터 그것과 섞였다, 습관은 아교처럼 안전하다
> 김은 비스듬히 끝없이 갈아주어도 저 꽃은 죽고 말 것이다, 빵 껍데기처럼
> 김은 상체를 구부린다, 빵 부스러기처럼
> 내겐 얼마나 사건이 많았던가, 콘크리트처럼 나는 잘 참아왔다
> ─기형도,「오후 4시의 희망」27) 부분

생계를 유지하기 위해 도시에 들어온 사람들은 대부분 죽을 때까지 도

---

27) 기형도,『입 속의 검은 잎』, 문학과지성사, 1989, 29쪽.

시를 떠나지 못한다. 왜냐하면 사람들은 죽음에 가까운 노동을 제공하고 반복적인 일상을 기계처럼 살아야 함에도 불구하고 이 도시는 사람들에게 죽지 않을 만큼의 빵을 주기 때문이다. 그러므로 화자인 나와 회사 동료 김은 이 도시에 주저앉을 수밖에 없다. 사람은 물론이거니와 모든 건물도 이 도시에 "한번 꽂히면 도시를 빠져나가지 못"한다. 이 도시는 "죽음도 살지 못"할 만큼 죽음이 만연하고 죽음이 죽임을 당하는 곳인 것이다. 그 죽음 속에서 살아가기 위해서는 도시가 제공하는 습관의 형식, 인간성의 상실과 죽음을 습관처럼 받아들여야 한다. 결국 김이 "비스듬히 끝없이 갈아주어도" 꽃은 잠시 동안만 물기가 촉촉할 뿐 "꽃은 죽고 말 것"이다. 저 꽃은 김이며 나이며 동시에 도시에서 살아가는 사람들이다. 그 사람들은 "콘크리트처럼 잘 참아왔"던 기형도처럼 도시의 한복판에서 "얼마나 느린 속도로 죽어"[28]가고 있는지 잘 모른다.

　기형도가 시작 메모에서 "거리의 상상력은 고통이었고 나는 그 고통을 사랑하였다"라고 말한 바 있듯이 미래의 시인도 도시를 저주하면서도 도시의 매혹에 이끌려 떠나지 못할 것이다. 인간이 존재하고 인간이 만들어낸 인공 정원인 도시가 존재하는 한.

　시인이 자연의 "숲으로 된 성벽"으로 돌아가지 못한다면 이제는 그 숲을 포기해야 한다. 오히려 이 첨단의 메트로폴리스에 깊이 침잠하여 꽃들과 말없는 사물들의 언어를 길어 올리며 메트로폴리스의 운명과 함께 해야 할 것이다. 그것이 시가 갖는 현대성이자 도시에서 맞이하는 시와 시인의 운명일 것이다.

■ 송승환

---

28) 기형도, 같은 책, 44쪽.

제10장 ● ● ●

시와 색채 — 보들레르의 시학과 미학

1. 시와 비평

　보들레르는 생전에 출간된 단 한 권의 시집 『악의 꽃』만으로도 인간 영혼의 새로운 진경(珍景)을 발견한 시인이라는 평가를 받았다. 현대시의 기원이 된 것이다. 거기에 사후에 출간된 산문시집 『파리의 우울』이 더해져 단순히 정신의 차원에서만이 아니라 새로운 시적 형식을 탐구한 시인이라는 명성까지 얻었다. 그런 시인으로서의 빛이 너무 환한 때문일까? 비평가, 더 정확하게는 미학이론가로서의 보들레르는 때때로 잊혀졌다. 더 나아가 무시를 당하기도 했다. 예를 들면, 미국의 비교문학자 르네 웰렉은 19세기 문학 비평사를 다루는 책에서 새롭고도 독창적인 감수성을 꽃피운 시적 창조 작업에 비해 보들레르의 비평 작업은 보잘것없다는 주장을 펼쳤다.[1]

　물론 그와는 반대로 보들레르의 미학이 시학 못지 않게 주요한 자리를 차지하고 있다는 견해가 갈수록 힘을 얻고 있다. 오히려 이제는 보들레르의 비평작업 속에 들어 있는 미학이야말로 그의 시 세계를 이해하는 데에 있어서도 결정적인 요소라는 주장까지 나오고 있다. 도미니크 랭세에

---

1) 르네 웰렉, 『현대비평사 IV, 19세기』, 예일대학 출판부, 1971, 434쪽.

따르면, 바로 이 비평 속의 미학이 보들레르의 시 창작에 계속해서 양분을 제공하고 그것을 활성화시켜 온 것이기 때문이다.2) 하지만 시인이 우선이냐, 혹은 미학이론가가 우선이냐 하는 것은 보들레르를 이해하는 데에 그다지 중요한 사실이 아닐 수 있다. 시인 스스로 그에 대해 명쾌한 답을 던지고 있기 때문이다.

> 한 사람의 비평가가 시인이 된다는 것은 기적과도 같은 일일 것이다. 그에 반해 시인이 또한 비평가가 아니라는 것은 애당초 불가능한 일이다. 그래서 내가 모든 비평가들 가운데 최고의 비평가는 바로 시인이라고 간주한다는 사실에 독자는 놀라지 않을 것이다.3)

시인은 지금까지 존재한 작품들을 충분히 이해하고, 그 작품들이 놓치고 있는 빈자리를 파악하여, 미래의 독자들을 그 자리로 이끌어 가는 사람이다. 비평적 안목이야말로 뛰어난 시인의 필수불가결한 자질인 것이다. 따라서 보들레르의 시작업과 비평작업을 구분하는 일은 무의미하다. 그의 시학과 미학은 인간 영혼의 역사를 탐구해나간 시인 자신의 연금술적 예술세계를 이루는 한 몸이다. 운문시『악의 꽃』, 산문시『파리의 우울』과 함께 비평작업의 결실인『미학적 호기심』을 함께 보아야 하는 것은 그러한 이유에서이다.4)

2. 색과의 만남

그리하여 이 두 작업을 겹쳐 읽어나가면 소리와 향기와 색채가 서로

---

2) 도미니크 랭세,『보들레르와 시적 현대성』, 크세주 총서, PUF, 1984, 12쪽.
3) 샤를르 보들레르,『전집 II』, 플레이아드 총서, 갈리마르, 1976, 793쪽.
4) 아주 적은 몇 부분을 제외하고는 아직 우리말로 옮겨지지 않았다.

조화를 이루는 상응(correspondences)의 세계를 만나게 된다. 그런데 청각·후각·시각이 결합된 이 세계는 단순히 시 속의 특정한 이미지가 아니라, 시와 비평작업 전체에 걸쳐 아주 분명한 미학적 의미가 솟아나는 자리다. 그 가운데서도 '색채'는 보들레르 자신이 가장 분명하게 자신의 미학적 입장을 밝힌 대상이다.

우선 그는 공식적으로 시를 발표하기에 앞서 1845년 살롱 전시회에 대한 평을 쓰면서 미술비평가로서 직업적 글쓰기를 시작했다. 또 이 미술비평은 그의 『미학적 호기심』 가운데서 가장 많은 분량을 차지하고 있기도 하다. 그리고 무엇보다도 평생 그가 스승으로 존경하고 따른 들라크루아가 바로 색채를 통해 현대회화의 길을 연 사람이다. 선(線)을 중시한 다비드나 앵그르와 달리, 선이란 단지 색이 칠해진 면(面)과 면이 만나는 지점일 뿐이라며, 선이 아닌 색의 주도적인 역할을 주장한 들라크루아에 대한 미학적 성찰을 통해 보들레르는 19세기 회화에서 분명하게 색의 미적 기능을 지지하는 입장에 선다.

그런데 이러한 색에 대한 취향은 시인이 아주 어릴 때부터 갖게 된 생래적 기질에 가깝다. 우선 그의 부친이 아마추어 화가였고, 유복한 집안에 그림이 적지 않았으며, 또 이 연로한 아버지는 짧은 기간이기는 했지만 어린 아들을 데리고 그림을 보러 다니는 일을 커다란 낙으로 삼았다. 그리하여 시인은 유년기 때부터 모든 종류의 이미지와 조형예술에 대한 변치 않은 호감을 갖고 있었음을 스스로 밝히고 있다.

> 어린 시절 : 오래된 가구, 루이 16세, 골동품, 집정 정치 시대, 파스텔 그림, 18세기의 사회.
> …(중략)…
> 어린 시절부터 이어지는, 모든 이미지와 모든 조형예술에 대한 변함없는 취향.[5]

---

5) 샤를르 보들레르, 『전집 I』, 플레이아드 총서, 갈리마르, 1976, 784~785쪽.

이 같은 호감은 청년기에 들어서 더욱 분명해진다. 1844년에 시인의 초상화를 그린 에밀 드루아와의 만남이 그 한 예다. 시인이 타고난 재능의 화가라 평가한 드루아 자신이 위대한 채색화가들인 루벤스와 들라크루아의 열광적인 애호가였다. 둘 사이의 친밀한 관계는 1846년 드루아가 사망하기까지 지속되었다.

공교롭게도 같은 해에 보들레르는 프랑스 예술 역사상 최초로 본격적인「색채론(De la couleur)」을 발표한다. 물론 그보다 앞서 디드로와 들라크루아가 색과 인간의 감수성 사이의 관계에 대해 분명한 의식을 갖고 기록을 남긴 바 있다.

> 사물에 형태를 주는 것은 데생이다. 하지만 거기에 생명을 불어넣는 것은 색이다. 이 색이야말로 사물을 활성화시키는 신의 숨결이다.[6]

> 속설과 달리 나로서는 색이 보다 더 신비하고 아마도 더 강한 어떤 힘을 갖고 있다고 말하고 싶습니다. 색은 우리 자신이 미처 알지 못하는 사이에 영향을 끼칩니다.[7]

하지만 체계적이며 총체적인 색채론은 보들레르가 처음으로 쓴 것이라 해도 전혀 과언이 아니다. 미술사학자 르네 위그에 따르면, 실제로 사람들이 색채가 가지는 주술적 환기력에 대해 의식한 것은 19세기에 들어서이다. 보들레르는 바로 그 시기에 색의 미학적 기능에 대한 연구를 시작한 선구자 가운데 한 사람이라 할 수 있다. 그것은 미학이론가로서 필연적인 귀결이기도 하다.

시인은 이미지에 대한 예찬이야말로 자신의 유일하면서도 원초적인 거대한 열정이라고 밝힌 바 있는데, 이미지가 단순한 묘사(description)가 아니라, 인간의 감수성을 뒤흔드는 표현(expression)이 되기 위해서는 색에

---

6) 드니 디드로, 『미학론집』, 가르니에 클래식 총서, 뒤노, 1994, 674쪽.
7) 다음의 책에서 재인용 : 르네 위그, 『보이는 세계와의 대화』, 플라마리옹, 1961, 272쪽.

호소해야만 하는 것이다. 색에 대한 보들레르의 섬세한 의식이 하나의 이론으로 다듬어지게 된 데에는 미학상의 이러한 내적 필연성이 존재한다.

그리고 이 점이야말로 동시대의 새로운 감수성을 대변하는 플로베르가 높이 평가한 대목이기도 하다. 1857년 플로베르는 시인이 『악의 꽃』을 보내온 데에 대한 감사의 편지를 보내며, 시인이 얼마나 정확하게 색채를 쓰는지를 지적하고 있다. 소설가는 바로 그 점이 낭만주의를 새롭게 한 rajeunir[8] 방법이라고 격찬한다. 보들레르는 이러한 차원에서 그 누구도 닮지 않았으며, 바로 이러한 독창성이 예술가의 모든 자질 가운데 가장 우선적인 것이라는 말을 플로베르는 덧붙이고 있다.[9]

3. 보들레르의 색채

그런데 색채는 일반적인 의미의 그것과는 분명하게 구별되는, 보들레르에게 고유한 의미를 갖고 있다. 그 의미란, 줄여서 한 마디로 요약하자면, 홀로 존재할 수 있는 절대적인 색, 혹은 순수한 색이란 없다는 것이다.

우선 그에게 있어 색의 가치란 자연 조건이 변화함에 따라 늘 바뀐다. 특히 태양이나 달, 불꽃이나 반사광처럼 색을 비추는 빛의 종류에 따라 달라진다. 심지어는 어둠조차도 색을 만드는 데 불가피한 역할을 한다. 색은 그래서 장소와 밀접하게 결합되면서, 대기(大氣)의 빛의 밀도에서 비롯되는 깊이를 갖는다. 보들레르는 바로 이 '대기의 사랑'(l'amour de l'air)이 색을 이해하는 데에 있어 얼마나 중요한지를 잘 알았다. 그의 색

---

[8] 젊어지다, 젊어지게 하다, 젊어 보이게 하다, (남을) 젊게 보다, 나이를 줄여 말하다, 신품으로 보이게 하다 등의 뜻을 지닌 불어.
[9] 클로드 피슈아・뱅세트 피슈아 공편, 『보들레르가 받은 편지들』, 보들레르 연구 논총 IV-V, 아 라 바코니에르, 1973, 150쪽.

채 이론에서 대기는 아주 커다란 역할을 한다. 그리고 또 색은 다른 색에 영향을 미치며, 동시에 그 자신도 다른 것들의 영향을 받는다. 자율적인 색이란 있을 수 없다.

> 색이란 두 색조 사이의 동조다. 모든 이론이 바탕을 두고 있는 대조 속에서 뜨거운 색조와 차가운 색조란 절대적인 방식으로 정의될 수 없다. 상대적으로만 존재할 뿐이다.10)

투명함과 불투명함, 혹은 빛과 어둠 사이의 계속적인 혼합은 색조를 확장시키거나 농축시키기이며, 그 둘을 긴밀하게 결합시키기도 한다. 색의 단계는 이처럼 끝이 없다. 인간 내면의 비밀스런 감각의 미묘한 변화에 대응하는 미묘함의 무한한 우주가 색 안에 존재하는 것이다.

마지막으로, 위에서 암시된 것처럼 인간의 감각이란 어떤 하나의 특정한 색으로 표현될 수 있을 만큼 그렇게 단순하지 않다. 오히려 색채화가의 화폭을 수놓고 있는 다양한 색들처럼 복잡하기 이를 데 없다. 물론 때때로 어떤 감각을 표현하기 위해서 사용된 한 색이 그림 속에서 특별히 두드러진다 하더라도, 그것은 거의 언제나 다른 색과 함께 존재함으로써 자신의 기능을 다할 수 있다. 따라서 하나의 색이 그림 속에서 어떤 감각을 재현하는 경우라 할지라도, 그 색은 그림 속의 다른 모든 색들이 조화를 이룬 결과일 뿐이다.

물론 보들레르 자신이 『1859년 살롱평』에서 「상상력의 지배」를 논하며 분명하게 "그림의 핵심이 되면서 다른 부분을 지배하는 어떤 특정한 부분에 걸맞은 특별한 색조가 있다"고 말했다. '기본 사유'와 '본원적인 색'이 있다는 말이다.11) 하지만 그 순간에도 보들레르는 "인상의 단일성, 효과의 총체성"이라는 미학적 원칙 속에서 색을 이해한다.

---

10) 보들레르, 『전집 Ⅱ』, 위의 책, 424쪽.
11) 같은 책, 625쪽.

나는 채색화가가 매우 한정된 공간 안에 혼합된 어떤 색조에 관한 정밀한 연구를 통해 작업을 해야 한다고 결론을 맺고 싶지 않다. 왜냐하면 각각의 분자가 하나의 특별한 색조를 부여받아야 한다는 점을 받아들이면, 소재 자체를 무한대로 나누어야만 할 것이기 때문이다. 게다가 예술이란 전체를 위한 세부의 희생이며 추상(abstraction)이기 때문에 무엇보다도 전체(masses)를 다루는 것이 중요하다. 그래서 나는 가능하기만 하다면, 색조는 그 수가 아무리 많아도, 논리적으로 병치시키면, 그것들을 움직이는 법칙에 따라 저절로 혼합될 것이란 점을 증명하고 싶었다.12)

그가 자신의 스승 들라크루아를 화성학자(harmoniste)라고 부른 것도 이러한 이유에서이다. 즉 각각의 악기가 모여 전체적으로 조화를 이룬 하나의 음악을 연주하듯이, 채색화에 사용된 각각의 색이 서로 섞여 전체적으로 통일된 하나의 인상과 효과를 낳는 것이다. 그래서 보들레르의 색채는 세부의 정밀함보다는 전체를 지향한다.

4. 들라크루아

색채와의 관계에서 보면 보들레르는 행복한 사람이다. 아주 일찍부터 들라크루아라는 미의 스승을 만났기 때문이다. 이 점 그의 사유의 선배인 디드로와 비교하면 금방 알 수 있다. 색채를 사물에 생명을 불어넣는 신의 숨결로 이해한 디드로도 자신의 『회화론』 속의 「색채에 관한 단상」 말머리에서 다음과 같이 밝히고 있다.

뛰어난 데생화가들은 없지 않다. 하지만 위대한 채색화가는 거의 없다. 그 점은 문학에서도 마찬가지다.13)

---

12) 같은 책, 424쪽.
13) 드니 디드로, 『미학론집』, 위의 책, 674쪽.

색채에 관한 디드로의 선구적 사유는 사실 19세기에 들어와서야 그의 두 후배들에 의해서 꽃을 피울 수 있었다. 회화에서는 들라크루아, 문학에서는 보들레르. 비록 디드로와 두 사람 사이에는 어떤 직접적인 관계도 없었지만 말이다. 어쨌거나 자신의 사유를 증명해줄 색채 화가를 제대로 만나지 못한 디드로와는 달리, 보들레르는 "고금을 통하여 가장 독창적인 화가" 들라크루아를 만나는 행운을 누린다.

그렇다면 들라크루아의 어떤 점이 보들레르를 매혹했던 것일까? 그에 대한 답은 보들레르의 첫 번째 글인『1845년 살롱평』에서부터 이미 보인다. 들라크루아의 색채는 정신을 담고 있어, 이전의 어느 것과도 비교할 수 없는 과학이 된다는 것이다. 예술가의 정신을 응축시키고 있는 이 화가의 색채야말로 내적인 삶의 밝혀지지 않은 영역을 표현하고 있는 것이다. "한 마디로 말해서 외젠 들라크루아는 아름다운 시간의 영혼을 그린다."14) 그 영혼은 색채를 통해 압축된 의미를 부여받으며, 이때 색채는 영혼의 목소리와 삶의 내밀한 신비와 조응한다. 그때까지의 예술이 눈에 보이는 예술가의 외부 세계를 재현해왔다면, 이후로는 색채를 통해 보이지 않는 것까지를 암시하는 마술이 된다. 색채가 인간 내면의 감수성에 언어를 부여하기 시작한 것이다. 여기가 바로 낭만주의와 상징주의가 발원하는 자리 가운데 하나다.

5. 색채와 낭만주의

보들레르는 "낭만주의와 색채가 자신을 바로 들라크루아에게 이끌고 간다"고 말한다. 시인의 눈에 낭만주의와 색채는 서로 구별되지 않는다. 이 둘이 긴밀하게 결합되어 있기 때문이다.

---

14) 보들레르,『전집 II』, 위의 책, 637쪽.

> 현대 예술에서 색채가 아주 중요한 역할을 한다고 말한들 무엇이 놀라운가? 낭만주의는 북방(Nord)에서 생겨난 것이고, 북방은 채색화가들의 고장이다. 꿈과 도원경은 바로 안개의 아이들이다.15)

'안개의 아이들'은 어두운 공간을 벗어나고자 자신들의 꿈을 색칠한다. 그들은 눈에 보이는 사물과 그 사물을 분석하는 사상보다는 채워지지 않는 결핍과 그 결핍의 자리에서 폭발하는 동경(憧憬)의 감수성을 옮기는 방법을 선택했다. 열정과 함께 내면의 깊은 감정을 통해 성숙한 그들에게 낭만주의란 "주제를 선택하는 것이나, 정확한 진리가 아니다, 세계를 새롭게 느끼는 방법"인 것이다. 그러니 낭만주의란 어둠에서 꿈을 만들어내는 창조적 상상력을 지닌 감수성에 있다.

보들레르가 보기에 바로 그러한 감정과 꿈이 기질을 형성한다. 그가 힘주어 강조하듯이 기질에서 비롯되는 감정의 삶을 가장 잘 표현하는 것이 바로 색채다. "색채 속에 표현된 스타일과 감정은 선택에서 오고, 선택은 기질로부터 온다." 그렇기 때문에 감정과 꿈의 중요성을 이해할 수 있는 것은 데생이 아니라 색을 통해서이다. 그래서 "순진한 데생화가들은 이성으로 그림을 그리지만, 채색화가는 거의 자신도 모르는 사이에 기질을 통해서 그림을 그린다."16) 낭만주의자란 기질에 따라서 그리고 색을 통해 자신들이 느끼는 것을 표현하는 사람들이다.

그래서 예술가는 사물을 그 자신의 고유한 색으로 밝힐 줄 알아야 한다. 이것이 바로 보들레르가 원하는 것이며, 그럴 수 있을 때 색채는 감정과 꿈을 옮기는 상징이 된다. 시인이 『1846년 살롱평』의 「낭만주의란 무엇인가?」에서 다음과 같이 적은 것은 그런 이유에서이다.

> 능력 있는 화가가 주제와 잘 어울리는 색채로써 우리에게 가장 친근한 감정과 꿈을 돌려준다면, 그 효과가 얼마나 새로울 것이며 낭만주의는

---

15) 같은 책, 421쪽.
16) 같은 책, 458쪽.

얼마나 멋질 것인가!17)

　보들레르가 들라크루아를 좋아한 것도 이 화가가 색채를 통하여 내면의 신비하면서 낭만적인 시를 그려냈기 때문이다. 화가의 특별한 재능은 그것을 통해 인간 드라마의 분위기라고 부를 수 있는 것, 혹은 창조자의 영혼의 상태를 표현하였다. 아주 독창적인 이 능력이 그에게 시인들의 공감과 찬탄을 가져다주었다. 물론 그 맨 앞에 시인 자신이 서 있다. 들라크루아가 회화에서 그러한 것처럼 보들레르는 시에서 내적인 삶의 신비가 자리잡고 있는, 어두운 안개 너머를 꿈꾸고 발견해낸다. 인간이 오래 전부터 꿈꾸어왔으나 언어로 표현되지 못하던 진실 말이다. '아름다운 수평선'은 바로 그러한 신비와 숨어 있는 진실의 상징이다.

　　그대는 이따금 안개 자욱한 계절의
　　햇빛이 비치는 아름다운 수평선 같아……
　　얼마나 그대는 찬란한가, 안개 낀 하늘에서 떨어지는
　　햇살이 불태우는 젖은 풍경이여!18)

　햇살이 비쳐 색을 머금은 풍경 덕분에 수평선은 아름답다. 그 수평선은 바로 찬란한 '보석'과도 같은 '눈부신 세계'를 감추고 있다. 생의 운명적 어둠에 지치고 고통받은 시인의 영혼은 눈부신 햇살과 불타는 풍경에 힘입어 잠시 보석과도 같은 행복을 되찾는다.

　　빛이며 색깔인 너,
　　너로 인해 회복된 내 영혼이여!
　　내 마음 속 어두운 시베리아 벌판에
　　폭발하는 열기여!19)

---

17) 같은 책, 422쪽.
18) 보들레르, 『전집 I』, 위의 책, 49쪽.
19) 보들레르, 「오후의 노래」, 같은 책, 60쪽.

보들레르의 시에서 색채는 늘 빛을 동반한다. 위에서 보듯 그의 상상 세계 안에서 빛과 색은 하나다. 그래서 그 둘을 '너희들'이라고 부르지 않고 '너'라고 부른다. 물론 자연 상태에서 색은 빛을 통해서만 드러난다. 르네 위그의 설명에 따르면, 그렇다고 해서 색이 빛을 장식하는 것은 아니다. 그 둘은 서로 녹아들어 분간할 수 없게 된다. 그 과정에서 그 둘 사이에는 교환이 이루어지는데, 색은 빛에 색조(teinte)를 주고, 빛은 색에 광채를 준다.20) 보들레르의 색에 관한 글 도처에 섬광처럼 빛이 터져 나오는 것은 그 때문이다. 빛은 예술의 역사에서 처음에는 보이지 않는 세계의 정신의 일종으로 나타났다. 그러던 것이 점차 깊이도 잴 수 없고 무게도 달 수 없는, 그럼에도 불구하고 마침내는 의심할 수 없게 드러나는 우리의 고유한 영혼을 나타내는 이미지가 되었다. 물질적인 세계 바깥에서도 지각할 수 있는, 정신성의 상징이 된 것이다. 이 빛의 정신성이 색 속에서 열기와 함께 폭발한다. 천지창조와도 같이.

그런데 흥미로운 것은 이런 빛이 시인에게 있어서 보이지 않는 영혼의 세계로 가는 문을 연다는 사실이다. 물론 서양의 기독교 문명의 영향 속에서 흔히 빛은 정신적인, 비물질적인 의미를 부여받는다. 마치 신의 숨결처럼. 그 영향은 보들레르에게서도 나타나는데,『1859년 살롱평』의 상상력에 관한 부분에서 시인이 다음과 같은 말을 할 때 뚜렷하다. "나는 내 정신으로 사물을 비추고 그것을 다른 사람들의 정신을 향해 반사시키고 싶다."21) 정신으로 비추는 것(illuminer)이다. 이때의 정신은 보들레르 자신이 "신에 대한 기원, 혹은 정신성"이라고 말할 때의 그것이다.22) 그래서『악의 꽃』에서 '이상'은 자주 빛으로 상징화된다. 이 점은 상징적으로 「축복」이라는 이름을 달고 있는 첫 작품에서부터 명백하게 드러난다.

---

20) 르네 위그,『예술과 영혼』, 플라마리옹, 1960, 105쪽.
21) 보들레르,『전집 II』, 위의 책, 627쪽.
22) 같은 책, 683쪽.

하지만, 태연한 **시인**은 찬란한 옥좌 보이는
하늘을 향해 경건한 두 팔 들어올리고,
명징한 그의 정신에서 나오는 거대한 번갯불은
그의 눈앞 성난 군중들의 모습 지워버린다:

―"찬양 받으소서, 하느님, 당신이 주신 아픔은
우리들의 부정(不淨)을 씻어내는 신비로운 영약(靈藥)이요,
성스러운 즐거움을 강자들에게 맛보게 하는
가장 뛰어나고 순수한 진수(眞髓)이니!

나는 압니다, 성스러운 **천사군단**의 복된 서열 가운데
시인을 위한 자리 당신이 마련해 두신 것을,
또한 **옥좌천사, 미덕천사, 지배천사**들의
영원한 잔치에 그를 초대하신 것을.

나는 압니다, 고통은 야수 같은 현세와 지옥이
결코 물어뜯지 못할, 유일한 고귀함이라는 것을,
또한, 신비로운 나의 왕관 엮기 위해서는,
모든 시대, 모든 세계들이 공납(公納)을 바쳐야 함을.

하지만 그 옛날 팔미라의 사라진 보석과
아무도 모를 귀금속, 바다의 진주를
당신 손으로 박아 넣는다 해도, 눈부시게 빛나는
그 아름다운 왕관 장식하기엔 부족할 테지요 ;

왜냐하면, 그것은 *원시 광선*의 성스러운 아궁이에서
길어낸 *순수한 빛*으로만 만들어질 왕관이니까요,
그 빛 비추는 인간의 눈, 한껏 찬란하다 해도,
탄식하는 흐린 거울에 지나지 않는답니다!"[23]

이처럼 빛은 보들레르에게서 정신성과 영혼의 상징이 된다. 이 전통

---

23) 보들레르, 「축복」, 『전집 I』, 위의 책, 8~9쪽.

속에서 빛과 색으로 가득 찬 그의 수평선 혹은 지평선은 정확하게 낭만주의의 가장 비밀스런 영역을 가로지른다.

> 낭만주의를 말하는 자는 현대 예술을 말하는 것이다― 다시 말하면, 예술이 갖고 있는 모든 방법을 통해 표현된 내면성, 정신성, 색채, 무한에 대한 동경 말이다.24)

하긴 보이는 세계로부터 보이지 않는 세계로, 존재의 외부로부터 내부로, 물질로부터 영혼으로, 유한 속에서 무한으로 넘어가려는 지평선에 왜 찬란한 연금술의 꽃이 피지 않겠는가? 색채야말로 그 연금술의 보석과도 같은 한 상징일 것이다.

6. 색채와 초자연주의

그렇게 본다면, 이러한 색채로 뒤덮인 보들레르의 세계는 자연의 그것이 아니라 완연한 초자연주의(Surnaturalisme)를 보여주는 하나의 기호임을 알 수 있다. 그의 『악의 꽃』은 자연 속에 존재하는 꽃이 아니라 "두뇌의 꽃"의 개화(開花)인 것이다. 이렇게 빛과 초자연적인 색채가 어우러진 곳에서 프리즘처럼 황홀한 색이 번져 나와 현실세계의 어둠을 사라지게 만든다. 잘 알려진 것이지만, 보들레르는 "자연은 추하다"고 생각했고, 그래서 그의 작품 속에서 자연에 대한 묘사는 거의 드러나지 않는다. 드물게 드러난다면, 그것은 자연이 시인에게 환기시키는 혐오감을 표현하는 경우이거나, 아니면 이미 정신적으로 승화된 자연을 내보일 때이다. 예를 들어, 보들레르에게 '바다'는 대자연이 펼쳐진 장관(spectacle)이 아니라,

---

24) 보들레르, 『전집 Ⅱ』, 위의 책, 421쪽.

"정신의 가장 뛰어난 이미지를 제공하는 정신 그 자체이다."25)

> 물결은 천상의 이미지를 굴리면서,
> 그들의 풍부한 음악의 힘찬 선율을
> 내 눈에 반짝이는 *석양빛*에
> 엄숙하고 신비롭게 뒤섞어 놓았다.26)

바다는 현실에 절망한 영혼이 자신이 갈구하는 세계를 찾아 나서는 공간이다. 떠나는 출발점이자, 결국은 가 닿아야 하는 도착점인 것이다. 이러한 바다처럼 자연은 하나의 실재하는 풍경이기를 그치고 상상의 풍경으로 뒤바뀌며, 이 순간 자연은 묘사의 대상이 아니라, 표현의 방법을 찾아야만 할 '초자연'이 된다. 들라크루아는 다음과 같이 말했다. "인간은 영혼 속에 현실 속의 사물로는 결코 만족시킬 수 없는 천부적인 감성을 갖고 있으며, 화가와 시인의 상상력은 바로 이 감성에다 형식과 생을 부여한다."27) 섬세하고 은밀한 감성을 자극하지 못하는 자연의 대상을 재현하는 대신에, 예술가는 내면의 진실에 부합하는 초자연적인 세계를 창조해내는 것이다. 여기가 바로 예술이 모방과 갈라지는 지점이자, 현실 속의 자연의 음울한 무게를 떨쳐버리고 초자연주의가 시작되는 시원(始原)이다. 보들레르 자신이 인용한 독일 시인 하이네의 말을 들어보자.

> 예술에 있어 나는 초자연주의자다. 자연에서는 예술가가 원하는 모든 유형을 발견할 수가 없으며, 가장 주목할만한 것들은 본유(本有) 관념으로부터 동시에 생겨난 상징적인 것으로서 인간의 영혼 속에 드러난다. (…) : 이러한 유형들은 외부 세계인 자연에 있는 게 아니라, 오로지 인간의 영혼 속에 있다.28)

---

25) 장-폴 사르트르,『보들레르』, 갈리마르, 1975, 137쪽.
26) 보들레르,「전생(前生)」,『전집 I』, 위의 책, 16쪽.
27) 르네 위그,『예술과 영혼』, 위의 책, 120쪽.
28) 보들레르,『전집 II』, 위의 책, 432~433쪽.

영혼, 즉 '뇌의 초자연주의적인 축제'를 위해서 자연의 대상에다 반짝이는 악기를 제공하는 것이 바로 이 색채다. 이 색채들의 연주회가 바로 위에서 인용한 시 「전생」의 음악처럼 감각의 향연 속에서 영혼으로 하여금 자연세계 저 너머로 갈 수 있도록 이끄는 에너지다. 그래서 "돛을 올"리고 떠나는 것이다.

> 음악은 흔히 나를 바다처럼 사로잡는다!
>   내 파리한 별을 향하여,
> 안개 가득한 천창 아래로 또는 끝없이 넓은 대기 속으로
>   나는 돛을 올린다.[29]

이 영혼은 또한 저 먼 "세계의 끝에서 오는" 배와도 닮아 있을 것이다.

> 보라 저 운하에
> 배들이 잠자는 것을
>   떠도는 것이 그들의 기질 ;
> 너의 아무리 하찮은 욕망이라도
> 마냥 채워주고자
>   그들은 세계의 끝에서 온다.
> ─저무는 석양이
> 들판을,
>   운하와 온 도시를,
> 황적색과 황금빛으로 물들인다 ;
> 세상은 잠이 든다
>   따듯한 빛 속에서.
>
>   거기엔 모든 것이 질서와 아름다움
>   호사와 고요함 그리고 관능적인 쾌락뿐.[30]

---

[29] 보들레르, 「음악」, 『전집 I』, 위의 책, 68쪽.
[30] 보들레르, 「여행에의 초대」, 같은 책, 53~54쪽.

자연에 대한 혐오로 보들레르는 '바다', '운하', '배'와 같이 순수하게 물질적인 대상조차도 비물질의 정신적인 상징으로 변모시킨다. 초자연적인 세계, 즉 '삶의 깊이'가 드러나는 상징의 순간을 회복하는 것이다. 보들레르 자신이 그것을 언급하고 있다. "거의 초자연적인 영혼의 어떤 상태에서는, 인간의 눈 아래 펼쳐진 평범하기 이를 데 없는 광경 속에서도 삶의 깊이가 완전히 드러난다. 그리고 그것은 상징이 된다."31) 그렇기에 기꺼이 초대(invitation)하는 것이다. 운문시 「여행에의 초대」와 같은 제목을 가진 산문시 「여행에의 초대」에서 보들레르는 이렇게 말한다. "우리는 결코 내 정신이 그린 그림, 당신을 닮은 그 그림 속에서 살며 지낼 수 없을 것인가?"32)

그에게 풍경이란 현실 속에 실재하는 자연의 그것이 아니라, 정신이 창조해낸 풍경이다. 거기에는 바다를 물들이는 석양의 빛이 있어, 이성의 낮과 몽상의 밤을 이어주며, 스스로 떠남과 돌아옴의 경계를 이룬다. 이 색채의 지평선이야말로 보들레르의 정신과 영혼이 만들어낸 초자연적인 세계의 상징인 것이다. 그리고 보들레르에게 이런 초자연주의의 세계를 가장 잘 보여주는 한 예가 바로 들라크루아의 그림이다. 이 화가의 색채가 "꽃과 말없는 사물의 언어를" 말하고 있게 때문이다.

> 색채가 말을 하는 (…), 진정한 뇌의 축제, 이 놀라운 시간을 만들 줄 아는 아편에 기대지 않고, (…) 들라크루아의 그림은 내게 정신의 아름다움 날들을 옮겨놓은 것으로 보인다. 그의 그림은 고밀도의 강렬함으로 뒤덮여 있고, 그 광채는 특별한 의미를 갖는다. 극도로 섬세한 신경을 소유하고 있는 사람의 눈에 비치는 자연처럼 그의 그림은 초자연주의를 보여준다.33)

---

31) 보들레르, 「불화살」, 같은 책, 659쪽.
32) 보들레르, 『파리의 우울』, 같은 책, 303쪽.
33) 보들레르, 『전집 II』, 위의 책, 596쪽.

정신으로 사물을 들여다보면 사물은 '애초의 색깔'을 잃는다. 왜냐하면 정신이 그 물질적 대상을 이미 비정신적인 것으로 탈바꿈시켰기 때문이다. 이때 정신의 세례를 받은 사물은 현실적인 색깔을 벗어던지고 초자연적인 색채로 빛난다. 더 이상 현실 속의 사물이 아니라, 말 그대로 상상의 세계 속에 "살아 있는" 사물이 되는 것이다. 이렇게 정신성을 갖게 된 사물은 자연 속의 대상과는 다른 자신만의 색채를 갖는다. 영혼과 소통하는 고밀도의 색 말이다.

우리들이 싱싱하고 강렬한 재능으로 눈을 뜨는 날들이 있다. 막 잠에서 깨어 들러붙은 눈꺼풀을 떼어내는 순간, 외부세계가 분명한 부조(浮彫)로 그에게 드러나는데, 거기에서는 사물의 윤곽이 뚜렷해지며, *찬란한 색채가* 풍요롭게 자리잡는다. 정신의 세계가 *새로운 빛으로* 가득 찬 그의 *광대한 전망*(perspectives)을 연 것이다.34)

이 정신의 세계에 예외 없이 "찬란한 색채"와 "새로운 빛"이 등장한다. 그러니 "광대한 전망"이란 그것 자체가 색채의 지평선이 아닐 것인가? 이 새로운 전망의 열림은 현실의 어둠 속에서 갑작스럽게 이루어지는 영혼의 '폭발'이다. 일상의 우울한 현실에서 특별한 어느 순간 우리의 정신은 고도로 에너지로 충만하여 새로운 세계를 꿈꾸며 폭발하는 것이다. 이 에너지야말로 낭만주의와 상징주의로 하여금 보이는 현실 세계 저 너머에 잊혀져 있던 감추어진 보물을 찾아 나서도록 이끈 주인공이다.

수많은 보석이 잠자고 있다
어둠과 망각 속에 파묻혀,
곡괭이도 계측기도 안 닿는 곳에.35)

색채는 초자연적인 세계를 향해 문을 열어주는 보석인 것이다. 색채의

---
34) 보들레르, 「인공낙원」, 『전집 I』, 위의 책, 401쪽.
35) 보들레르, 「불운」, 같은 책, 17쪽.

지평선이 초자연주의와 필연적으로 만나게 되는 이유가 바로 여기에 있다.

> 초자연적인 것은 '보편적인 색채와 강세(accent)', 다시 말해서 밀도·음향·투명함·움직임·깊이, 그리고 시간과 공간 속에서의 울림을 갖고 있다.
> 시간과 공간이 한층 깊어지는 존재의 어느 순간이, 그리하여 존재하고 있다는 감정이 극도로 증폭되는 일이 있다.36)

고도로 긴장된 순간을 표현하는 빛의 밀도, '보편적인 색'과 '두드러진 색' 사이의 대조에서 우러나오는 음향, 색조의 투명함, 늘 변하는 대기(air)에서 비롯된 색조의 움직임, 정신과 섬세한 감성에 조응하는 색조의 깊이, 이상의 요소들이 서로 어울려들면서 빚어내는 울림, 이 모든 것이 색채의 초자연적인 장관을 그려내는 것이다. 거기서 넓이와 깊이가, 시간과 공간이 포개지는 어떤 풍경이 탄생하는데, 그것이 바로 색채의 지평선이다. 이 지평선은 보들레르가 바그너의 음악을 들으며 상상 속에서 보았던 바로 그 풍경 속에 가장 잘 펼쳐져 있다.

> 나는 나도 모르게 절대 고독 속에서 엄청난 몽상에 빠져 있는 한 남자의 희열의 상태를 그려보게 되었는데, 그 고독이란 *광대한 지평선과 넓게 퍼져 나가는 빛*을 동반한 것이다 ; 아무런 장식도 없는 그 자체의 *광대함* 말이다.37)

결론적으로 색채의 지평선이란 마치 하나의 교향악처럼 모든 미적 요소가 결합하며 조화를 이루는 장소를 말한다. 보들레르는 이처럼 색채의 미묘한 변화 속에서, 조화와 부조화의 무한한 결합 안에서 마치 명장의 악기처럼 인간 영혼의 가장 섬세한 진실을 표현할 수 있는 방법을 찾아

---

36) 보들레르, 『전집 II』, 위의 책, 658쪽.
37) 보들레르, 「파리에서의 리처드 바그너와 탄호이저」, 같은 책, 784쪽.

냈다. 이 교향악의 연주회! 그 소리가 울려 퍼지는 지평선을 통해 우리는 보들레르 시학의 원천이자 귀결이며, 낭만주의와 상징주의 미학의 헌장인 「상응(Correspondences)」의 세계 속으로 들어서게 된다.

 자연은 신전이니, 살아 있는 그 기둥들
  이따금 혼미한 말소리 새어 내보낸다 ;
  인간은 친근한 눈길로 저를 바라다보는
  상징의 숲을 가로질러 그곳을 지나간다.

  밤처럼, 그리고 빛처럼 드넓은,
  어둡고 깊은 합일 속에
  긴 메아리 멀리서 서로 섞이어들듯,
  향기와 색깔과 소리들 서로 화답한다.

  아이 살결처럼 풋풋하고, 오보에처럼 부드럽고,
  풀밭처럼 푸른 향기들 있는가 하면,
  ―용연향, 사향, 안식향, 훈향처럼

  부패하고, 풍성하고, 의기양양하고,
  무한한 것들로 퍼져 나가는 다른 향기들 있어,
  정신과 감각의 환희를 노래 부른다.38)

■ 박철화

---

38) 보들레르, 「인공낙원」, 『전집 I』, 위의 책, 11쪽.

제11장 ● ● ●

시와 실험

1. '실험'의 중요성

　시라는 것이 무엇인가 하는 원론적인 입장에서 생각해보면 시와 실험이라는 주제는 적절하지도 않고 오해의 여지도 있다. 왜냐하면 이 주제는 시와 실험이라는 두 의미의 영역을 관련시키려 시도함으로써 실험적이지 않은 시를 상정하고 있기 때문이다. 이 주제가 실험적인 시가 있고, 실험적이지 않은 시가 있다는 식의 피상적인 통념에 기대지 않으려면 먼저, 다음과 같은 숙고가 이루어져야 한다. 즉, 어떤 의미에서 혹은 절대적인 의미에서 모든 시는 실험적이다.
　시는 정해진 언어의 공식을 따르는 것이 아니며, 어떤 개념이나 원리, 가치를 받아 적는 것이 아니다. 시는 시를 이루는 여러 구성 요소, 예컨대 언어・대상・주체・이념・형식 등이 함께 결합하면서 변용을 하는 것이다. 어떠한 구성 요소도 자신의 특질을 그대로 유지하지 못한다. 한 편의 시 속에서 이 요소들은 자신의 본래 모습을 찾아볼 수 없는 화학 작용을 겪는 것이다. 또 시를 이루는 요소들간의 결합의 방식이나 배합의 성격, 작용과 반작용의 균형과 힘, 관계의 개편과 통합 역시 예견할 수 있는 것도 아니고 반복되는 것도 아니다. 항상 매편의 시에서 새롭게 형성되는 것이다. 이와 같은 전 과정을 아울러 생각해보았을 때, 시는 일정한 노선을 따르는 것이 아니라 그 자체가 하나의 실험이라는 것을 알 수 있다. 실험의 진정한 의미가 결과를 예측할 수 없는 데 있듯이 시도 늘 예고되지 않은 새로운 탄생의 모습을 하고 있다.

따라서 이렇게 시가 이미 본래적인 의미로서의 실험성을 가지고 있는데 새삼 시의 실험성 운운하는 것은, 오히려 시 자체의 실험성을 망각하게 만드는 데 일조할 수 있다. 달리 말하면 시에서의 실험이라는 것을 한정된 주제로 이야기하는 것은 시가 다른 발화와 구분되는 자신만의 변별점을 스스로 버리는 듯 여겨지는 것이다. 실험성이 없이 창작된 시의 모습은 과연 어떠할 것인가. 그런 것이 존재한다면 그것을 시라고 할 수 있을 것인가.

이러한 문제를 가지고 있음에도 불구하고 시와 실험이라는 주제는 의미가 있다. 그것은 시에서 이야기될 수 있는 실험의 여러 성격들을 보다 정밀하고 다각적인 측면에서 살필 수 있게 하기 때문이다. 무엇이 어떻게 실험되고 있는가 하는 고찰은 시에서 충분히 논의될 필요가 있다. 또 우리가 흔히 실험시라고 하면, 앞에서 언급한 것처럼 시 자체가 가지는 실험적 성격을 가리키는 것이 아니라, 실험의 특수성이 시 창작 과정 안에 보다 유형적으로 내포되어 있는 시들을 가리킨다. 이러한 시들을 통해 시와 실험이라는 주제가 제대로 드러날 것으로 보인다.

이 주제를 우리 시의 상황에 적용시켜 보는 것은 흥미 있는 일이다. 우리의 시사는 다채롭고 풍요로운 굴곡을 가지고 있고, 어느 시대이든 다양한 실험적 성향의 시들이 존재해왔다. 실제로 많은 편차를 가지고 있는 이 시들을 개괄한다는 것은 불가능해 보이기까지 한다. 따라서 이 글에서는 시의 주요한 두 축인 자아와 대상(세계), 그리고 자아의 세계에 대한 이해(진술)를 세 주요한 지표로 설정하여, 이 지표들에서 실험성을 강하게 보여준 세 시인들을 살펴봄으로써 해결책을 찾고자 한다. 그들에게서 실험이 어떤 양상으로 전개되어 나갔는지 차례로 고찰해보면 실험시의 의미가 짚어질 것이다. 그들을 실험시로 한데 묶는 것조차 논쟁의 여지가 있을 수 있지만, 한편으로 그들이 각자 싸웠던 문제들을 비교 검토하는 것은 시사하는 바가 적지 않을 것이다.

2. 자아에 대한 실험 – 이상

많은 사람들이 이상(李箱)의 시를 실험시의 대표로 이야기하는 것은 무엇 때문일까? 그의 실험성은 어떤 것일까? 우선 시에 숫자나 기호를 들여오고, 띄어쓰기를 무시하거나 언어의 배치를 색다르게 하고, 한자어나 특수한 용어를 도용하고, 이미지를 독특하게 사용하는 데서 그 원인을 찾아볼 수 있다. 이러한 파격은 그의 시대뿐 아니라 오늘날의 관점에서도 자주 일어나는 일은 아니다. 이것은 그의 시를 어렵게, 그로테스크하게 만든다. 언어를 관습적으로 사용하거나 배열하는 것이 아니라 언어 운용에 변화를 주는 것은 확실히 실험적인 일이다. 이 점에서 이상의 시는 어느 실험적인 시보다도 독보적인 모습을 지니고 있다.

하지만 그의 실험성을 이러한 언어 사용에 있어서의 기벽으로만 이해한다면, 그것으로는 충분치가 않다. 이상의 시가 이후 우리 시사에서 헤아릴 수 없이 많은 모방과 학습을 만들어내고, 연구자들의 줄기찬 관심을 이끌어온 것을 생각해보면 그의 시가 그렇게 간단하게 언어 사용에서의 새로운 시도 정도에 머물고 있는 것이 아님은 분명하다. 그의 시의 실험성은 더 근본적인 곳에서 구현되고 있다고 생각된다.

이상에 대한 많은 오해와 이해의 편차를 접어 두고 그의 시가 우리에게 던지는 지속적이고도 끈질긴 질문을 따라가 보면 의미 있는 논의 지점에 도달할 수 있는데, 그것은 다름 아닌 주체에 대한 것이다. 주체, 이상의 시에서는 그것이 내면화된 자아의 문제가 되는데 이 자아에 대한 탐구는 그의 시의 처음이자 끝이라고 할 수 있을 정도로 이상이 집요하게 추궁한 것이다. 그는 자아의 문제를 자신의 실험의 요체로 삼았다. 이상 시의 많은 외장(外裝)들은 엄격히 말해 자아에 대한 실험의 특수 효과들이다. 그가 실험한 것은 언어도 형식도 아닌, 언어와 형식의 틀을 넘어선 자아와 비자아, 주체의 문제였던 것이다.

자아를 실험한다는 것은 어떤 것일까. 다소 극단적으로 말하면 시에는 자아밖에 없다. 물론 대상, 즉 세계가 존재하지만 자아가 앞에 나설 경우, 대상은 자아가 만든 것이거나 자아를 흉내내는 것이 된다. 이때 자아는 세계를 제조할 뿐만 아니라 자신이 제조한 세계를 인식하려 한다. 자아는 스스로 세계를 덮음으로써 세계를 인식하는데, 이 과정이 전면에 드러나거나, 드러나지 않더라도 마찬가지이다. 이렇게 자아의 확장과 지배가 용이한 세계, 그것이 시이다. 만약 자아를 선험적이거나 경험적인 뚜렷한 주체로 받아들인다면, 자아가 인지하는 세계도 선명한 묘사와 진술의 세계가 될 것이다.

하지만 이상은 바로 이 자아를 실험하는 시를 썼다. 그는 자아를 흔들어버린다. 지축이 흔들리는 것이다. 이를 따라 대상도, 대상들의 세계도 자리잡지 못하고 흔들리며 부유한다. 그가 자아에 파묻혀 있으면서도 자아를 통일된 주체로 설정하지 않고 분열과 파괴의 대상으로 보았을 때, 자아 자체의 존재를 의심했을 때, 자아를 타자화 시켰을 때 그의 시는 기존의 시들이 누렸던 사소한 안락의 휴식과는 절연하게 된다. 자아가 흔들림으로써 그의 시는 그 어느 것 하나도 정착되지 못하고 불안하게 떠다니게 된 것이다. 그의 시에는 정지가 없다. 자아를 실험한다는 것, 그것은 모든 것을 실험한다는 것이다. 실험하고 실험할 뿐 역사는 시작되지 않는다.

「오감도」 전편이 이에 대한 증거이다. 여기서 이상은 제대로 형성되어 있는 나 아니면 너, 그라는 인칭의 통일된 주체를 가지고 있지 않다. 자아는 대개 처음부터 여러 조각으로 분열, 해체되어 있거나, 존재해도 협의와 의심의 대상으로 무의미하기만 하다. 그 세계는 자아가 뜻도 의미도 알 수 없는 13인의 무서운, 혹은 무서워하는 아해로 분열되거나(「시 제1호」), 내가 나의 아버지, 아버지의 아버지, 아버지의 아버지의 아버지로 증식되어야 하거나(「시 제2호」), 싸움하는 사람과 싸움하지 않는 사람이 무수한 위치 바꿈을 통해 행위와 행위를 통한 자신의 실체를 상실해가는 혼돈이거나(「시 제3호」), 뒤집혀 있는 숫자의 배열을 통해 지금, 여기에서의, 존재의 중심이 뒤바뀌는 불안과 미혹의 세계(「시 제4호」)이다.

이 세계에서는 자아의 실체를 찾아볼 수가 없다. 자아는 파편화되고, 고립되고, 생명 없이 번식되고, 변조되고, 전복된다. 그 소용돌이 속에서 어느 하나의 자아도 주워 담을 수가 없다. 불가능하거니와 의미도 없다. 자아는 지속적인 해체와 분열과 위장을 하고 있기 때문이다. 그의 시는 이해할 수 없는 상태가 되고 만다. 시의 중심이 되는 눈이 사라져버렸기 때문이다. 다음 시에서는 이러한 자아의 실험이 고도로 전략화되어 있다.

1
나는거울없는室內에있다. 거울속의나는역시外出中이다. 나는至今거울속의나를무서워하며떨고있다. 거울속의나는어디가서나를어떻게하려는陰謀를하는中일까.

2
罪를품고식은寢床에서잤다. 確實한내꿈에나는缺席하였고義足을담은軍用長靴가내꿈의白紙를더럽혀놓았다.

3
나는거울있는室內로몰래들어간다. 나를거울에서解放하려고. 그러나거울속의나는沈鬱한얼굴로同時에꼭들어온다. 거울속의나는내게未安한뜻을傳한다. 내가그때문에囹圄되어있드키그도나때문에囹圄되어떨고있다.

4
내가缺席한나의꿈. 내僞造가登場하지않는내거울. 無能이라도좋은나의

孤獨의渴望者다. 나는드디어거울속의나에게自殺을勸誘하기로決心하
였다. 나는그에게視野도없는들窓을가리키었다. 그들窓은自殺만을爲한
들窓이었다. 그러나내가自殺하지아니하면그自殺할수없음을그는내게가
르친다. 거울속의나는不死鳥에가깝다.

5
내왼편가슴心臟의位置를防彈金屬으로掩蔽하고나는거울속의내왼편가
슴을겨누어拳銃을發射하였다. 彈丸은그의왼편가슴을貫通하였으나그의
心臟은바른편에있다.

6
模型心臟에서붉은잉크가엎질러졌다. 내가遲刻한내꿈에서나는極刑을받
았다. 내꿈을支配하는者는내가아니다. 握手할수조차없는두사람을封鎖
한거대한罪가있다.
　　　　　　　－「오감도 시 제15호」 전문

벌판한복판에 꽃나무하나가있소. 近處에는 꽃나무가 하나도없소. 꽃나무
는제가생각하는꽃나무를 熱心으로생각하는것처럼 熱心으로꽃을피워가
지고섰소. 꽃나무는제가생각하는꽃나무에게갈수없소. 나는막달아났소.
한꽃나무를爲하여 그러는것처럼 나는참그런이상스러운흉내를내었소.
　　　　　　　－「꽃나무」 전문

　자아의 분열이 보이는 「오감도 시 제15호」는 거울이 자아를 실험하는
도구로 사용되고 있다. 거울을 통해 나는 나를 인식하지만, 거울 속의 나
(인식된 나)는 나와 비슷하면서도 다르고, 정반대의 위치에 있기도 하다.
나는 결코 내 인식 속의 나와 합의를 할 수도 일치를 할 수도 없다. 문제
는 여기서 그치는 것이 아니다. 거울 속의 내가 외출을 하여 내 눈에 보
이지 않으며, 그가 몸을 감추고 나를 어떻게 하려는 음모를 꾸미고 있는
것이다. 나는 이에 대해 속수무책이다. 나로부터 떨어져 나간 나는 나와
별개일 뿐만 아니라 적대적이기조차 하다. 거울 외에도 이 시에는 꿈이
실험의 장치로 등장한다. 여기서도 상황은 마찬가지인데, 나는 내 꿈에

결석하거나 지각을 하며, 다시 말해 사라진 내가 되어 내 꿈을 방관하고 있고, 따라서 내 꿈을 지배하는 자는 내가 아니다. 이렇듯 내가 분열되고, 사라지며, 별개의 존재로 나타나고, 적대적인 상황은 「꽃나무」에서 적절한 표현을 얻는다. "꽃나무는 제가 생각하는 꽃나무에게 갈 수 없"다. 꽃나무는 자신이 생각하는 꽃나무가 되려고 열심히 꽃을 피우고 서 있지만, 될 수 없고, 갈 수 없다. 이것은 그의 시에서 자아가 처한 상황이다. 나와 내가 생각하는 나는 영구히 합일되지 않는 존재들이다. 나는 나에게 이를 수가 없다.

내가 누구이며, 어디에 있으며, 무엇을 하고 있는지, 내가 나에게 이르려는 길고 긴 탐색의 과정은 나를 상대로 한 실험의 연속이다. 흐트러진 자아를 주워담을 수도 없고, 어느 한 곳으로만 치우쳐 쫓아갈 수도 없고, 출몰하는 나를 제어할 수도 없다. 이상의 시에서 가장 중요하게 진행되는 이와 같은 자아 탐문의 과정은 무수한 질문과 회의의 실험 보고서이다. 그가 망설임 없이 시도한 주체의 핵분열은 위험한 놀이로 매번 극한적인 상태로 치닫는다. 자아를 상대로 한 실험이라는 것은 어떠한 실험보다도 파괴적인 힘으로 자아를 지속적인 위기의 상태로 몰아넣는다.

하지만 특이한 것은 자아에 대한 이러한 심문에 가까운 실험이 자아를 침몰시키고 있지는 않다는 점이다. 자아는 송두리째 뒤흔들리지만 파멸되거나 정복되지 않고, 분열과 혐의의 대상인 채 살아남는다. 살아남아서 어떠한 힘에 의해선가 실험에 지속적으로 노출된다. 그 힘은 일견 이상 시의 건축학적 구성과 상통되는 면이 있다. 사실 이상의 시는 이른바 실험시라는 말이 어울리지 않을 정도로 치밀하고 논리적인 구성으로 이루어져 있다. 격정이나 우울과 같은 낭만적이고 퇴폐적인 색채는 보이지 않는다. 건조하고 사실적이고 견고한 그의 진술의 양식은 더함이나 부족함이 없이 잘 구축된 건축을 연상시킨다. 그의 시는 예외적으로 배치와 조성이 뛰어나다. 완만하든 급격하든 그는 시의 형식에서 미를 의식하고 있다. 결코 급급해서 서두르지 않으며, 자신의 실험을 관상하고 있는 듯이 보이기까지 한다.

　이러한 이상의 태도는 혼자만의 고유한 유희를 연상케 한다. 그는 자신을 단번에 파괴시킬 수 있는 진정하고도 현실적인 실험은 하지 않았다. 관념적이기도 하고 관념을 넘어선 존재 자체의 놀이이기도 한 그의 유희는 현실에서 한 발 떨어진 곳으로 그를 유도하면서, 한 개인의 내면에서 벌어지는 각축을 즐기고 있다.

　하지만 역설적이게도 이 유희야말로 그를 끝까지 자아의 실험 속으로 몰아넣고, 그것을 탐닉하게 한 힘이다. 유희 속에서만이 그는 실험을 지속적으로, 강력하게 실행할 수가 있었다. 삶과 역사가 아니라 유희의 반복이기 때문에 그의 실험은 끝나지 않았고, 지금도 끝나지 않는다. 그리고 실험이 끝나지 않는 곳, 그 곳이 바로 그의 현실이다. 이 점이 이상이 행한 실험의 특별한 점이다. 그는 실험이라는 것을 어떻게 해야 할지 처음부터 알고 있었던 것이다.

3. 진술 체계에 대한 실험 – 김수영

　세계에 대한 자아의 이해와 반응이 진술이다. 그 중에서도 시의 진술은 다른 진술들과 비교할 수 없는 특징을 갖는다. 그것은 일반적이고 균일한 의미로 전달되지 않는다. 애매하고, 다의적이며, 복합적이다. 역설이나 아이러니, 비유, 상징들이 종종 동원되는 것은 시의 이러한 특징을 강화시켜 준다. 또 한편으로 시의 진술은 발견적이다. 그것은 어떠한 위대한 진술이라도 따라서 반복하지 않는다. 늘 최초의 발언이다. 그렇기 때문에 시는 항상 통념으로부터 자유롭다. 시는 활화산같이, 그 진술들이 고정되지 않고 살아서 활발하게 작동하는 것이다.

　하지만 실재로 시들을 살펴보면 그 반대다. 시간이 흐르면서 보편적인 담론의 형태로 굳어진 진술 체계들을 시에서 그대로 반복하는 일이 허다 하다. 그것은 어떤 이념이나 가치 문제에만 한정되는 것이 아니다. 관습적인 감정이나 서정에 기대어 시를 쓰는 것도 모두 이에 해당된다. 시의 발견적 진술은 여간해서 찾아보기 힘들다. 굳은살의 시들이 언제나 압도적으로 쓰여지는 것이다.

　김수영의 시가 새로운 것은 이유가 있다. 그는 우선 다른 사람들이 시적 소재로 삼지 않았던 것을 가지고 주로 시를 썼다. 김수영이 시에서 집 안의 식모 이야기, 잡지를 빌려준다 안 준다 하는 순간적인 감정의 변덕, 아내와의 옥신각신 끝에 이혼을 취소하기로 한 것, 남의 사무실에 가 앉아서 느끼는 사소한 감상, 거절하기 힘든 일상의 부탁이 늘어가는 이야기, 기름덩어리만 든 설렁탕을 먹고 나오면서 느끼는 쓰디쓴 감회 같은 것을 시로 썼을 때, 그것도 시적 아우라를 가지고 권위 있게 쓴 것이 아니라 일상어를 사용하여 구어체로 폭로하듯이 써 내려갔을 때 그의 시는 새로웠고, 혁신적이었다. 개인적 일상과 내면의 자잘한 내용들이 다른 어떤 심각한 주제보다도 전면에 부각되어 현실의 지침이 되었을 때, 그것은 한 개인의 이야기이기를 그치고 현대의 물신화되고 자본주의화된 삶을 살아가는 모두의 이야기로 승격되었다. 그는 이전에는 보이지 않던 구체적인 일상의 삶, 생활을 발견했고 그것을 시로 썼다.

　그뿐 아니다. 그는 당시의 문명의 이기나, 외국의 문화들도 자신의 성찰의 주 대상으로 삼기를 주저하지 않았다. 그는 아메리카 타임지·헬리콥터·네이팜탄·보그지·이사벨 비숍·엔카운터지·미농 인찰지·영사판·마케팅·제임스 딘·전화·금성 라디오·플라스터들과 같이 그때까지는 시의 소재로써 적절해 보이지 않는 것들에 대해 많이 썼다. 이 소재들은 전통적으로 내려오던 것이 아니라 그의 시대에 출현하거나 소개된 것이다. 자신의 시대에 등장한 문명의 산물들을 바로 시적 대상으로 녹여내는 것은 간단한 일이 아니다. 그렇게 하기 위해서는 문명의 산물들에 대한 성찰뿐 아니라 그 산물들이 상징하는 시대의 표정을 읽어낼 수 있어야 한다.

　이렇게 김수영의 시집을 관통하는 구체적인 일상과 새롭고도 현대적인 소재들은 그 자체가 실험적인 것이었다. 그 이전의 시인들은 시란 어떠한 것이고, 시적 대상과 소재는 이러이러한 것이어야 한다는 관념에 많이 사로잡혀 있었다. 고귀한 미나 진리, 철학적인 존재론, 생명에 대한 경외, 자연에의 찬미, 서정적 진실에 익숙해 있던 시단에 김수영은 새로운 시에 대한 신호였다. 그는 시란 무엇인가에 대한 자각을 하게 만들었다. 그 자신이 첨단의 미에 대해서만 노래해왔다고 고백한 것처럼 그는 앞서 나간 시인이었다.

　하지만 김수영의 실험성은 단지 소재적인 차원에서만 이루어진 것은 아니다. 이 소재들을 가지고 자신의 독특한 화법을 창출해나간 것에 그의 실험의 핵심이 있다. 그는 기존의 믿음과 진술들을 의심하고, 새로운 진술체계들을 실험해나갔다. 지금까지 그럴듯하게 여겨져왔던 것들의 허약한 기반을 드러내 보이고, 그 반대 입장에 서는 새로운 언술의 가능성을 확보하려 한 것이다. 그는 이 과정에서 시라는 것은 기성의 사유와 인식체계가 왜소한 것이었음을, 유통 기한이 지났음을 선언하는 발랄한 사유에 다름 아니라는 것을 선명하게 보여준다.

　　　꽃이 열매의 上部에 피었을 때
　　　너는 줄넘기 作亂을 한다

　　　나는 發散한 形象을 求하였으나
　　　그것은 作戰 같은 것이기에 어려웁다

　　　국수-伊太利語로는 마카로니라고
　　　먹기 쉬운 것은 나의 叛亂性일까

　　　동무여 이제 나는 바로 보마
　　　事物과 事物의 生理와

事物의 數量과 限度와
　　事物의 愚昧와 事物의 明性을

　　그리고 나는 죽을 것이다.
　　　　　　　　　　-「孔子의 生活亂」

　「공자의 생활난」은 초기에 쓰여졌으면서도 김수영의 면모가 잘 드러나고 있는 시다. 꽃이 열매의 상부에 피었다는 것은 열매가 열리고 난 뒤에 꽃이 피었다는 것이다. 이는 꽃이 피고 난 뒤에 열매가 맺히는 자연의 순리를 거꾸로 생각해 본 것이다. 그의 표현대로 하면 반란성이다. 반란성은 뒤집어봄으로써, 숨겨져 있는 진술을 찾아내는 것이다. 모든 진술은 표명됨과 동시에 반대되는 진술을 은폐한다. 꽃이 피고 열매가 맺힌다는 진술은 열매가 맺히고 꽃이 핀다는 진술을 억압한다. 꽃이 아름답다고 하는 것은 꽃이 추하다는 것을 감추고 있다. 어떤 현상에 대해 말한다는 것은 그 말 속에 갇히는 반대의 진술을 내포하고 있다. 하지만 어느 쪽 진술이 더 가치가 있다거나 소위 진리에 근접해 있다고 말하는 것은 위험한 발상이다. 진술들은 모두 자신만의 렌즈를 가지고 있다. 그럼에도 모두에게 유통되는 것은 표면적인, 공인된 진술 체계이다. 김수영은 이를 전복했다.

　이에 대한 예를 몇 가지 들어보면 다음과 같다. "생활을 하여 나가기 위해서는 요만한 경박성이 필요하다 표면에 살으라"(「바뀌어진 지평선」), "문명에 대항하는 비결은 당신 자신이 문명이 되는 것"(「미스터 리에게」), "우리들의 적은 늠름하지 않다 그들은 선량하기까지 하다 그들은 말하자면 우리들의 곁에 있다"(「하 그림자가 없다」), "어째서 자유에는 피의 냄새가 섞여 있는가를"(「푸른 하늘을」), "썩어빠진 대한민국이 괴롭지 않다. 오히려 황송하다. 역사는 아무리 더러운 역사라도 좋다. 진창은 아무리 더러운 진창이라도 좋다. 이 모든 무수한 반동이 좋다. 이 땅에 발을 붙이기 위해서는"(「거대한 뿌리」), "아무래도 나는 비켜 서 있다. 절정 위에는 서 있지 않고 암만해도 조금쯤 옆으로 비켜 서 있다."(「어느 날 고궁을 나오면서」), "나는 아무것도 안 속였는데 모든 것을 속였다. 나는 한 가지를 안 속이려고 모든 것을 속였다."(「거짓말의 여운 속에서」) 등등.

이들은 반란성을 근간으로 하여 얻어진 진술들이다. 그가 진중함이 아니라 경박성을 옹호하거나, 자유가 이상적인 것이 아니라 피로 얼룩진 것이라 말하는 것, 훌륭하고 거룩한 역사가 아니라 더러운 역사나 반동을 내세우는 것, 적이 적의 얼굴을 하고 있는 것이 아니라 곁에서, 선량한 얼굴을 하고 있다고 토로하는 것은 기존에 통용되던 사고들을 뒤집어본 것이다. 또 문명에 대항하는 길이 바로 문명이 되는 것이라거나, 내가 절정에, 한가운데에 서 있지 못하고 비켜 서 있다고 말하는 부분은 발견적인, 새로운 진술들이다.

하지만 한편으로 생각해보면 새로운 진술 체계들을 실험한다고 하는 것은 시에서는 새삼 거론될 필요가 없는 것이다. 시라는 것은 공인된 이해와 가치를 따르는 것이 아니라 본질적으로 그것과 상반된 이면의 숨결을 찾아내는 것이기 때문이다. 사실 시는, 항상 새로운 진술 체계들이 자신을 실험하는 장이다. 묵은 얼굴들은 여기서 힘을 얻지 못한다. 그럼에도 불구하고 이러한 실험의 시들은 언제든지 예외적인 존재가 된다. 시적 관습이라는 것이 생기고 이에 잘 맞춰진 언술(言述)들이 항상 지배적으로 존재하기 때문이다.

따라서 김수영의 시를 실험시라 할 때는 다소 이중적인 시각이 개입되어 있다. 드러나 있는 것을 거부하고 이면의 보이지 않는 원리를 찾아서 진술하는 그의 시는 시의 본래적인 의미에 충실한 것이면서, 바로 그렇기 때문에 실험시가 된다. 그 진술은 표면적 진술 아래 숨겨져 있다가 드러난 것이기 때문에 갓 태어나 새롭고, 도전적이고, 발견적이다. 어떤 시를 보아도 그가 새로 말하는 것으로 되어 있다. 익숙한 것에 기대지 않고, 인식과 감각의 방향을 실험대 위에 올려놓은 그만의 해법이 낳은 결과이다.

4. 대상에 대한 실험 – 김춘수

 시에 대한 생각이 많이 다르다 해도 대상을 어떻게 이해하고 시 속에 들여오는가 하는 것이 한 편의 시를 결정짓는 관건이 된다는 데에는 별다른 이견이 없을 것이다. 대상의 문제는 그만큼 시의 성격을 좌우한다. 흔히 이야기하는 문학사에서의 사조라는 것도 시의 경우에는 대상에 대한 이해의 차이에서 발생한다. 상징주의니, 표현주의니, 초현실주의니 하는 것들은 대상을 전혀 다르게 파악한 데서 비롯된 것이다. 하지만 이러한 차이들도 김춘수가 대상에 대한 근본적인 물음을 제시한 것에 비하면 아무것도 아니다.
 김춘수의 실험은 시의 대상에 대한 것이었다. 그는 대상을 어떤 관점에서 보느냐 하는 것이 아니라, 대상 자체를 문제시하는 쪽으로 관심을 발전시켜갔다. 대상에 대해 이러저러한 설정과 장치를 함으로써, 인간의 의식의 한 통로로 대상을 소환해 들이는 것이 아니라 대상과의 정면 대결에 들어간 것이다. 그는 이 대결에서, 대상을 눈앞에 두고 대상과 벌이는 긴장과 구속으로부터 다소 극단적인 길로 나아갔다. 바로 눈앞의 대상을 사라지게 한 것이다. 그의 표현대로라면 대상과의 거리를 유지하는 사생적(寫生的) 소박성의 단계에서 대상을 놓치는 비대상의 단계로 나아가게 된 것이다.
 대상에서 비대상으로의 전환은 시에서는 패러다임의 전환이라 볼 수 있는 중대한 사건이다. 이것은 대상의 성격을 논하는 것이 아니라 대상 자체를 지우는 작업이기에 혁명적이라 할 만하다. 인간은 대상을 상대로 감각하고, 인지하고, 사고하고, 기억하고, 발전한다. 대상은 인간이 자신과 세계를 이해할 수 있는 조건이다. 인간은 대상에 비춰진 자신을 볼 뿐, 인간 자체를 알 수는 없다. 대상과 관계를 맺음으로써 인간은 비로소, 가능성으로만 존재했던 감각과 인지 구조를 가동시킨다.
 시인은 대상을 오래 깊게 품는다. 대상을 통해 어떤 형식으로든 자신이 하려는 말을 깨닫게 되기 때문이다. 자아가 아무리 강해도, 자아가 변형된 상태로일지라도 대상은 존재한다. 존재함으로써 자아를 추동(推動)한다. 이러한 대상을 상실하는 것은 시의 지형을 근본적으로 변화시키는 일이다. 시를 이루는 한 축이 무너진 것이다. 이제 시는 어떻게 쓰여질 수 있는가?

> 눈보다도 먼저
> 겨울에 비가 오고 있었다.
> 바다는 가라앉고
> 바다가 있던 자리에
> 군함이 한 척 닻을 내리고 있었다.
> 여름에 본 물새는
> 죽어 있었다.
> 물새는 죽은 다음에도 울고 있었다.
> 한결 어른이 된 소리로 울고 있었다.
> 눈보다도 먼저
> 겨울에 비가 오고 있었다.
> 바다는 가라앉고
> 바다가 없는 해안선을
> 한 사나이가 이리로 오고 있었다.
> 한쪽 손에 죽은 바다를 들고 있었다.
> …(중략)…
> 불러다오.
> 멕시코는 어디 있는가,
> 사바다는 사바다, 멕시코는 어디 있는가,
> 사바다의 누이는 어디 있는가,
> 말더듬이 일자무식 사바다는 사바다,
> 멕시코는 어디 있는가,
> 사바다의 누이는 어디 있는가,
> 불러다오.
> 멕시코 옥수수는 어디 있는가,
> ―「처용단장」 부분

김춘수는 대상을 놓치는 단계, 의미를 덮어씌울 대상이 없어져 버리는 이 단계의 시를 무의미시라 규정하고 이때는 언어가 시를 쓰고 이미지가 시를 쓴다고 생각했다. 여기서는 연상의 쉬임 없는 파동이 있을 뿐 그것을 통제할 힘은 아무데도 없다는 것이다.

「처용단장」 1부와 2부에서 한 편씩 뽑은 위의 시들은 비대상시, 무의미시들이다. 앞의 시 끝의 4행, 그리고 특히 뒤의 시는 시의 대상이 실재하기보다는 이미지의 한 측면이거나 언어의 울림으로 존재하는 것을 알 수 있다. 한 사나이가 들고 있는 죽은 바다는 어떤 상징이나 표현의 대상이 아니라 단지 바다의 이미지만으로 쓰인 것이다. 이것은 실재의 바다와 관련이 없기 때문에 바다라는 물질적 대상과 잘 맞지 않는 형식으로, 마치 펜이나 자루처럼 누군가의 손에 들려 있다.

또한 멕시코와 사바다, 사바다의 누이, 옥수수 등은 어떠한 의미 연결도 가지지 않은 채 언어의 울림으로만 병렬적으로 존재한다. 이 시는 앞 시의 바다가 가지고 있는 이미지라는 것마저 과감하게 팽개치고, 현실적 지시 대상을 가지지 못한 것으로 보이는 사바다와 같은 몇 개의 단어들이, '불러다오', '어디 있는가'라는 반복 어구 속에 역시 반복적으로 동원되고 있다. 언어 유희로 보이기만 하는 이 시의 반복은 비대상이고, 무의미이고, 쉼 없는 파동이며, 자유이다. 이 자유는 목적 없는 자유이고, 끝이 없는 자유이며, 비교할 수 없는 자유이다. 김춘수는 이것을 현기증 나는 자유라 말했다.

현실적 지시 대상을 갖지 않은 채 자유와 연상의 파동에 의해서 쓰여진 이와 같은 시는 그 존재만으로도 새로운 지평을 열어주었다. 그것은 알려지지 않은 곳, 이해할 수 없는 곳으로 뛰어든 것이다. 그곳에 미개척지가 존재하고 있었음을 우리에게 보여준 것이다. 한마디로 우리가 마주할 수 있는 세계를 넓혀 놓은 것이라 할 수 있다. 이것이야말로 시가 할 수 있는 가장 유의미한 일이다. 시는 더 많은 가능성의 세계를 만들어 가는 일이기 때문이다. 무의미 시, 비대상 시가 의미 있는 것은 여기에 국한되지 않는다. 그것은 의미와 대상 너머를 가리키고 있지만, 그렇게 함으로써 역설적으로 의미와 대상의 세계가 무엇인지를 깊이 이해하게 한다.

한편 실험이라는 관점에 한정해서 보면 김춘수의 비대상 시, 무의미 시는 엄격히 말해 실험의 단계를 넘어선 것이다. 무엇인가를 실험한다는 것은 현상을 의심하고, 수많은 차연을 포괄하고, 새로운 결과의 출현을 기다리고, 규칙과 질서의 변용을 기대하고, 그래서 또 다른 가능성들을 현실화시키는 것이지, 실험의 대상을 제거해버리는 것은 아니기 때문이다. 대상이 없는 곳에서 실험을 계속할 수 있을 것인가. 그것은 의미가 있는가.

실험을 넘어선 실험이 되어 버린 그의 시작법은 김춘수가 지속적으로 자신의 자유에 시달려야 될 운명임을 예고하는 것이다. 불가능해 보이는 일에 도전해온 김춘수의 시와 시론은 대상과 비대상이라는 중요한 화두를 우리에게 던져놓았다. 그리고 대상과 비대상의 문제를 넘어선 시의 가능성을 탐구하게 만들었다. 사실 그의 시적 행로를 추적하다 보면 그가 실험한 것이 시에서의 대상이 아니었을지도 모른다는 추측을 해보게 된다. 그가 실험하고 싶었던 것은 대상이 사라져버리는 극단적인 상황 속에서의 시의 한계가 아니었을까. 자신이 감당할 수 있을지 알 수 없었던 자유를 그는 진정 실험하려 했던 것은 아니었을까.

5. 마무리

문학사에서 중요한 획을 그은 세 시인들의 시를 실험적이라고 표현하는 것은 다소 부적절할 수도 있다. 실험의 내용과 방식이 모두 다르거니와, 무엇보다 그 어느 시인도 자신이 실험적인 시를 쓴다고 생각했을 것

같지는 않기 때문이다. 그들은 각자 자신이 가고 싶었던 길을 간 것뿐이다. 그들의 입장에서는 실험적인 것이 아니라 자신에게 가장 정확한 것을 쓴 것이다. 실험은 세상이 붙이는 말이다.

이상이 전적으로 자아의 문제를 가지고 씨름했다면, 김춘수는 그와 반대로 대상이란 무엇인가에 모든 것을 걸었다. 이상의 자아 실험이 현실적인 인식의 전단계에서 시를 자아의 무한 복제 상태로 만들었다면, 김춘수의 무의미 시는 현실을 벗어난 무중력의 공간에서 시를 그림이나 소리의 상태로 전환시키고자 했다. 두 경우 모두 자신의 근거를 현실 속에 두지 않은 데 비해 김수영의 시는 현실 한가운데 있다. 그는 현실 속에서 현실을 뒤집어보려 했다.

실험의 진정한 의미는 실험의 결과에 있을 것이다. 하지만 시의 경우는 꼭 그렇지 않다. 실험에 파고들 때가 실험의 전부이다. 이상과 김수영, 김춘수는 각자 자신의 실험 속에 갇혀 있음으로써 실험을 계속할 수가 있었다. 그래서 방법론이 되었다. 방법론은 형식이고 윤곽이다. 그들의 시는 각기 새로운 형식을 창조했다. 그들에게서 시의 윤곽은 잠시 선명하게 나타날 수 있었던 것이다.

■ 이수명

제12장 ● ● ●

시와 광고

1. 광고는 현대의 신인가?

지나간 20세기를 3등분해 본다면 어떻게 나눌 수 있을까? 초반은 19세기 후반에 이념의 기치를 높이 세운 공산주의가 영토를 확장해간 시기로 잡을 수 있을 것이다. 공산주의 종주국인 소련은 피의 혁명을 전파하여 수많은 위성국가를 거느리게 되었다. '코뮤니즘'이라는 이념은 순식간에 중국을 비롯하여 아시아 일대로 퍼져갔다. 뒤이어 남미와 쿠바 등으로 확산되어 영토면에서도 인구면에서도 공산주의 국가는 세계의 절반 이상을 차지하게 되었다. 20세기 중반은 양극 이데올로기 대립의 시기로, 흔히 말하는 냉전시대다. 이 시대에 서방세계의 언론은 '철의 장막', '죽의 장막', '쿠바 봉쇄', '도미노 이론', '베를린 장벽' 등의 시사용어를 자주 썼다. 한반도·인도차이나반도·캄보디아·아프가니스탄 등은 양극 이데올로기의 각축장이었다. 한편 20세기 종반은 공산주의가 하루아침에 몰락하고 자본주의가 극성기로 돌입했다고 보아야 할 것이다.

자본주의의 극성은 광고시장의 눈부신 성장이 증명한다. 중국을 보면 금방 알 수 있다. 정치체제는 여전히 공산주의지만 경제구조는 완전히 자본주의로서 거리거리마다 온통 광고의 물결이다. 1999년의 경우 중국 광고시장의 규모는 캐나다나 오스트레일리아에 비해 갑절에 가까웠다.[1] 아마도 2003년 현재 그 격차는 더 벌어져 있을 것이다. 광고는 자본주의 문화의 생명이고 광고 없이 자본주의는 살아갈 수 없다는 말이 나올 정도로 광고는 소비자본주의의 꽃이다.[2] 미국 마케팅협회에서는 1963년에 광고(advertising)에 대해 이렇게 정의를 내린 바 있다.

> 광고는 이름이 밝혀진 광고주가 아이디어, 제품 및 서비스 촉진을 위해 어떤 형태이든 유료로 하는 비개인적 제시(nonpersonal presentation)이다.[3]

쉽게 말해 광고는 상업적 의도를 갖고 하는 선전이다. 공익광고는 공공의 이익을 위한 것이므로 광고의 정의에는 부합되지 않는다. 국제광고협회(IAA)는 공익광고를 "공중의 지배적인 의견을 수용하여 사회・경제적으로 공중에게 이익이 되는 활동을 지원하거나 실행할 것을 권장하는 광고의 한 형태"로 정의를 내리고 있다.[4] 사익이 아닌 공익을 추구하므로 상업적 의도가 배제되어 있다.

광고와 조금 다른 PR(public relations)은 관청・단체・기업 등에서 주요 시책이나 사업 내용을 일반인에게 이해시키고 협조를 얻고자 널리 알리는 것이다. PR과 비슷한 선전(propaganda)은 주의-주장이나 어떤 사물의 존재와 효능 따위를 사람들에게 설명해 이해와 공감을 얻고자 적극적으로 알리는 것이다. 비슷한 뜻을 지닌 다른 것들과 견주어볼 때 광고는

---

[1] 1999년 중국의 광고비(경상가격)는 95억 2600만 달러였고, 캐나다는 46억 3200만 달러, 오스트레일리아는 54억 4700만 달러였다. 이것을 국민 개인당 광고비로 환산해보면 캐나다가 146.2달러고 오스트레일리아가 258.8달러인데 중국은 4.1달러에 지나지 않는다. 즉, 중국은 앞으로 엄청나게 큰 광고시장을 갖게 될 것이다. ― 신인섭 외 2인, 『광고학 입문』, (주)나남출판, 2002(개정 3판), 40, 44쪽 참조.
[2] 이득재, 「광고, 욕망, 자본주의」, 『광고의 신화, 욕망, 이미지』, 현실문화연구, 1993(2쇄), 9쪽.
[3] 신인섭 외 2인, 위의 책, 14쪽.
[4] 이현우・김병희, 『광고 발상과 전략의 텍스트』, 북코리아, 2002, 33쪽.

'유료'라는 특징이 있다. 광고주가 돈을 들여서 알리는 것이기 때문에 이익 창출을 하려고 애를 쓰게 된다.

광고는 나폴레옹 군대가 이집트 원정을 가서 발견한 돌덩이 하나(로제타스톤)에서 그 기원을 삼는다. 이 돌은 기원전 196년, 이집트 푸톨레미 왕의 즉위 1주년을 기념하기 위해 전국에서 모여든 승려들의 총회 의결을 기록한 것이다. 그 내용이 왕의 업적을 칭송한 선전문이었기 때문에 광고는 그때부터 시작된 것으로 본다.5) 우리나라 최초의 근대적 광고는 1886년에 창간된 <한성주보>에 실렸다. 조선에서 무역업을 하던 독일 회사 세창양행에서 '덕성세창양행광고'라는 제목으로 <한성주보>에 실은 24행의 광고를 우리나라 광고의 효시로 친다.6) 역사가 길든 짧든 간에 그 어떤 말이나 이미지, 소리 등으로 인간의 오감을 자극하여 구매충동을 불러일으키려고 한 집요한 노력이 광고의 역사를 이루었다.

광고는 흔히 제품의 장점을 부풀려서 말한다(針小棒大). 소비자를 감언이설로 현혹시키지 않으면 약점은 은폐하고 장점만 부각시킨다. 프랑스의 사회학자 장 보드리야르(Jean Baudrillard)는 부어스틴(D.J. Boorstin)이 광고업자들의 무죄를 증명하고자 노력한 사람이라고 하면서 그가 "유행이 미추(美醜)를 초월해 있는 것처럼, 또 현대적인 사물의 기호기능이 유용무용(有用無用)을 초월해 있는 것처럼, 광고는 진위(眞僞)를 초월해 있다"는 말을 했음을 상기시킨 바 있다.7) 광고는 결코 진실 게임일 수 없다는 말이다. 광고가 진실이든 거짓이든 자본주의 세계에서 최고의 권력자는 미국 대통령이 아니라 광고다. 어딜 가나 넘쳐나는 광고는 이제 예언자나 신의 위치에까지 다다라 있다. 보드리야르가 "광고는 무엇을 이해하게 하거나 배우게 하는 것이 아니라 기대하게 한다는 점에서 예언적인 말"이라고 한 것은 광고가 갖고 있는 엄청난 힘을 '어쩔 수 없이' 인정했

---

5) Frank Presbrey, *The History and Development of Advertising*, New York : Doubleday, Doran & Co., 1929, p.3.
6) 『브리태니커 세계 대백과사전』, 한국브리태니커회사, 1996(초판 7쇄), 211쪽.
7) 장 보드리야르, 『소비의 사회』, 이상률 옮김, 문예출판사, 1991, 187쪽.

기 때문이다. 광고라는 신을 교주로 삼은 종교는 엄청난 전파력까지 갖고 있다.8) 광고는 소비자에게 복음을 방불케 하는 메시지를 끊임없이 전한다. 소비자는, 아니, 광고교의 신자는 그 메시지를 무조건적으로 믿는다. 광고는 또한 '이 제품은 어때서 어떻다' 하면서 선언하고 명령한다. 각종 매체를 통해 같은 광고가 계속 반복해서 나옴으로써 우리의 의식과 무의식 깊숙이 파고든다. 저것이 정말 그렇게 좋은 것인가 하고 처음에는 회의하다가도 결국은 믿게 되는 것이다. 이제는 광고를 하지 않으면 제품에 대해 신뢰를 하지 않으므로 일종의 필요악이 되었다. 제품의 좋은 점만 말해주므로 위선자라고도 할 수 있다. 광고를 함으로써 제품의 허점을 숨기는 것도 광고의 중요한 전략이다. 게다가 광고는 자꾸만 강요한다. 바꿔 써라, 우리 회사 것만 사용해라, 우리가 최고이니까 하면서. 광고는 공존공영의 세계에서는 살아남지 못하고 적자생존의 세계에서만 살아 숨쉰다.

우리나라는 1960년대 중반부터 경제개발에 본격적으로 착수, 산업화 사회로 진입할 수 있는 기틀을 마련하였다. 60년대에는 일본으로부터의 무상 원조, 외자 도입, 베트남전 참전을 통해, 70년대에는 중동 건설 붐, 종합상사들의 약진, 석유화학공업의 발전 등을 발판으로 삼아 '한강의 기적'을 이룩하였다. 80년대에는 3저의 호황9) 속에 아시안게임과 올림픽을 유치하여 국가의 위상을 세계에 드높이기도 했다. 광고는 이 시기에 어마어마하게 몸을 부풀려 제일기획・금강기획・대홍기획・엘지애드 등 굴지의 광고회사들이 고속성장을 꾀하게 된다. 광고가 상품 선전을 하는 차원이라면 문제될 것이 없다. 광고의 문제점10)에 대해 이것저것 따져본

---

8) 1984년을 100(100만 달러)으로 두었을 때 1999년도 북미주의 광고비 성장률은 201, 유럽은 299, 아시아・태평양은 365이다. 15년 만에 2배 이상씩 성장한 것이다. — 신인섭 외 2인, 앞의 책, 38쪽.
9) 달러화의 평가절하, 국제 원유가의 하락, 국제금리의 하락이 동시에 이루어져 1980년대의 국내경제는 이례적으로 안정 속에 지속적인 성장을 이룩할 수 있었다.
10) 광고의 문제점을 짚어본 책으로는 다음과 같은 것들이 있다.

시인이 80~90년대에 몇 사람 있었으므로 그들 시의 공과를 따져보는 것이 이 글을 쓰는 작은 이유가 된다.

2. 현실 반영과 비판 – 오규원

광고가 우리 시의 문맥에 본격적으로 등장하는 것은 오규원의 『가끔은 주목받는 생이고 싶다』(1987)에서부터이다. 오규원은 언어로써 언어를 초월하려는 현대시의 정신을 잘 보여준 시인이다. 언어에 대한 기존관념을 줄기차게 파괴해온 시인은 독특한 유머 감각을 구사하여 기존의 모든 질서의식을 파괴하려고 부단히 애를 썼다. 한때 시인은 초현실주의 시 창작 방법론에 입각, 이드와 에고의 세계를 자유롭게 넘나들기도 했다. 그러던 그가 이 시집을 내면서 물신이라는 거대한 괴물이 우리 사회를 덮치는 것에 주목하게 된다. 이 시집에 수록되어 있는 몇 편의 시를 보자.

　　―― 근육질의 男 리차드 기어
　　　　섬유질의 女 킴 베신저

　　(14 : 20분. 광고회의는 아침 10시부터 계속된다. 출입문 구석에 놓인 중화요리 그릇 더미 틈사귀로 짜장면 방향이 탁자 위에 구겨진 이불처럼 몸을 포갠 키스 신들 위로 덮친다. 男女 주인공을 暗刻한 문안을 낸 朴氏는 일찌감치 지친 尹氏의 귓속으로 아리랑의 열반 무늬를 들여보낸다. 李部長은 거 뭐 짜릿한 거 없어를 연발하며 두 다리를 탁자 위로 올린다. 건대 학생 데모 사건에 연루된 아들 소식이 궁금한 朴氏는 집으로 전화를 또 한다. 따리리, 따리리리, 따리, 따리리리…… 男女가 껴안고 뒹구는 사진을 한눈으로 보며 다이얼을 돌리던 그는 문득 아득히 손을

하우크, 『상품미학 비판』, 김문환 옮김, 이론과실천, 1991.
마정미, 『광고, 거짓말쟁이』, 살림, 1997.

멈춘다. 띠리리, 띠리, 띠리리, 띠리리리…… 部長은 朴氏의 메모를 보고 껄껄 웃는다

—— 관능의 모르스 부호 타전 시작!
-「NO MERCY」앞 3연

영화수입사의 의뢰를 받은 광고회사의 카피라이터 몇 사람이 영화 카피를 뽑는 회의를 여는데, 그 광경이 시가 되었다. 그런데 시 속의 현실을 보면 근육질의 남우 리처드 기어와 섬유질의 여우 킴 베신저가 나오는 할리우드 영화의 세계와는 딴판으로 건대 학생 데모사건(보다 정확히 말하면 건국대 애학투련 사건이다)11)에 연루된 박씨의 아들과 장티푸스에 걸린 화자의 아내가 나온다. 박씨와 나는 지금 광고 문안을 만들고 있지만 마음은 완전히 가족한테 가 있다. 또 다른 카피라이터 윤씨는 증권시장에서 막차를 탔다가 본전을 축내 기분이 영 안 좋다. 하지만 어찌할 것인가, 정해진 날까지 광고를 만들어야 하는데. 근육질의 남우와 늘씬한 몸매의 여우의 스틸 사진을 보며 회의를 계속해 이 팀은 결국 "운명의 사슬에 얽어진/체온 37도 8부의 男女"를 광고 헤드라인으로 결정한다. 시의 제목이 의미심장하다. 신은 없는 것인가. 오오 신이여, 왜 우리 민족에게는 자비를 베풀지 않으시나이까. 이런 생각을 하며 제목을 붙였을 것이다. 광고 그 자체를 소재로 한 시라기보다는 한국이 처한 상황을 미국 영화와 대조하여 절묘하게 그린 시이므로 현실을 풍자한 일종의 정치시라고 여겨진다. '광고 그 자체'를 소재로 한 시도 있다.

선언 또는 광고 문안
단조로운 것은 生의 노래를 잠들게 한다.

---

11) 1986년 10월 28일 건국대에 전국 29개 대학의 학생 2천여 명이 모여 '전국 반외세반독재 애국학생투쟁연합'(애학투련)을 결성하였다. 경찰은 대회가 진행되는 중간에 기습적으로 8천여 명의 병력을 투입, 1,525명을 연행하여 1,259명을 구속했다. 단일사건으로 정부수립 이후 최대의 구속자였다.

머무르는 것은 生의 언어를 침묵하게 한다.
人生이란 그저 살아가는 짧은 무엇이 아닌 것.
문득──스쳐 지나가는 눈길에도 기쁨이 넘쳐나니
가끔은 주목받는 生이고 싶다──CHEVALIER

개인 또는 초상화
벽과 벽 사이 한 女人이 있다. 살아 있는 몸이 절반쯤만
세상에 노출되고, 눌러쓴 모자 깊숙이 감춘 눈빛을 허리를
받쳐들고 있는 한 손이 끄을고 가고.

빛 또는 물질
짝짝이 여자 구두 한 켤레가 놓여 있다
찍짝이 코 끝에 영롱한 스포트라이트의
구두 발자국.
　　　　　　　　　-「가끔은 주목받는 生이고 싶다」 전문

　　프랑스의 제화회사 슈발리에가 내세운 "가끔은 주목받는 생이고 싶다"는 세계 광고시장에 널리 알려져 있는 카피이다. 시인은 어느 날 신문지상에서 이 회사의 광고를 보았던가 보다. 제1연의 소제목은 '선언 또는 광고 문안'인 바 제목 그대로, 광고 문안을 그대로 옮겨놓았다. 제2연은 광고 모델의 모습을 문자로 형상화해놓은 것이다. 제3연은 구두와 구두 발자국 사진을 문자로 형상화해놓은 것이다. 신문의 광고 중 문자는 문자 그대로, 사진은 문자로 바꿔놓았을 뿐, 의식의 개입은 거의 없어 보인다. 즉, 소재는 확실하나 주제는 불확실하다. 주제는 아마도 '광고 있는 그대로 보여주기'가 아닐까. 구두만 잘 신어도 주목을 받을 수 있는 자본주의의 속성을 다룬 시로 볼 수도 있겠지만 그런 거창한 주제를 담은 것 같지는 않다. 주제의식이 보다 확실한 시가 있다.

　　1. '양쪽 모서리를
　　　　함께 눌러주세요'

나는 극좌와 극우의
　　　양쪽 모서리를
　　　함께 꾸욱 누른다

　2. 따르는 곳
　　　　⇩

　　　극좌와 극우의 흰
　　　고름이 쭈르르 쏟아진다

　3. 빙그레!

　　　──나는 지금 빙그레 우유
　　　200㎖ 패키지를 들고 있다
　　　빙그레 속으로 오월의 라일락이
　　　서툴게 떨어진다
　　　　　　　　　　　─「빙그레 우유 200㎖ 패키지」, 전반부

　시의 전반부를 보면 곽에 든 우유를 개봉하여 마시는 광경이 나온다. 그런데 과연 시인은 무엇을 이야기하고자 이 시를 쓴 것일까. 우유를 마시기 위해 소비자는 이쪽이나 저쪽 가운데 하나를 택해야 한다. 극좌나 극우 중 하나를 택해야 했던 것은 우리 민족의 운명이 아니었을까? 6·25전쟁 및 그 전쟁을 전후해서는 극우와 극좌 중 하나를 택해야 했었고, 권위주의적 정치가 행해지던 시절에는 보수와 진보세력 중 하나를 택해야 했었다. 우리는 오랫동안 흑백논리를 벗어나지 못했는데, 다양성을 인정하지 않는 상태에서의 양자택일이란 사실 얼마나 무모한 것인가. 시인은 마지막 연에 가서 "오월의 음지"와 "오월의 라일락"을 이야기함으로써 이 시를 쓴 의도를 암시한다. "⇧ 따르는 곳을 따르지 않고/거부한다"는 것은 전쟁포로 중 남이나 북이 아닌 제3국을 택한 이들과, 광주민주화운동 당시의 희생자들을 떠올리게 한다. 흑백논리의 세계에서는 한쪽을 택하면 영원히 다른 세계로는 갈 수 없다. 회색인은 용납되지 않으며 두 세계의 접합점은 없다. "⇨를 따라/한 모서리를 돌면//빙그레――가 없다//다른 세계이다"는 한쪽을 택하면 '빙그레'(이것은 회사명인 동시에 상표명이다), 즉 웃을 일이 없게 됨을 말해준다. 절묘한 현실풍자가 아닐 수 없다.

해태 들菊花――
해태 들菊花――

꿀벌이 껌을 꺽꺽 씹으며
날아간다

들菊花 만발한 안산 동부지구

監視哨의 그늘을 파랗게 뚫으며
풀들
침을 영혼에 넘기는 소리
―「해태 들菊花」 전문

「해태 들菊花」는 껌 선전을 끌어와 분단상황의 아이러니를 들려준 재미있는 시다. 그 당시 이 껌을 선전하는 텔레비전 광고가 있었음 직한데, 그 내용은 알 수 없다. 아무튼 제1연의 들국화는 껌 선전에 나오는 들국화지만 제3연의 들국화는 안산 동부지구에 피어 있는 들국화다. 꿀벌이 껌을 꺽꺽 씹고, 풀들이 침을 영혼에 넘기는 소리를 내는 세계는 상상의 세계다. 하지만 자유로운 세계다. 껌 하나가 초병으로 하여금 잠시 자유를 누리게 한 것일까? 마지막 연의 난해함 때문에 시 전체의 내용 이해가 쉽지 않은데, 광고와 현실이 뒤섞여 있는 것임에 틀림없다. 외양은 광고의 시적 수용임에 틀림없지만 「NO MERCY」「빙그레 우유 200㎖ 패키지」「해태 들菊花」에는 모두 우리 민족이 처해 있는 '현실'이 투영되어 있다.

1. 어깨가 사관생도의 제복처럼 볼록한
   흰 투피스를 입고, 가수 이은하가
   흰 빵모자를 쓰고 오른손 검지를 빳빳하게 세우고
   말한다──입맛이 궁금할 때 맛있는 게 무어냐
   이은하의 눈과 귀는 웃고, 왼손에 쥔
   뭉텅한 마이크의 오렌지색 대가리가 巨하다
   　　　　　　　　　　　─「롯데 코코아파이 C.F.」 부분

텔레비전 CF의 전 과정이 시가 되었다. 사실적으로 묘사하고 있는 듯하지만 어조는 상당히 냉소적이다. 마지막 연의 "롯데 코코아파이에 들어 있는──/희망 소비자/가격 100원"이 특히 그런 인상을 준다. 희망소비자가격이 100원이 아니라, 유치하기 짝이 없는 코코아파이 광고를 보고서 사먹는 희망 소비자들 각각의 가격이 100원에 지나지 않음을 시인은 말하고 싶었던 것이리라. 이와 같이 오규원은 광고를 끌어들여 현실의 이런저런 문제에 접근하고, 광고 세계로부터의 극복을 시도해본 시인이다. 그런데 시집 『가끔은 주목받는 生이고 싶다』에는 광고 관련 시가 그리 많지 않다. 아무래도 본격적인 '광고 응용 시'는 1990년대에 가서 나오게 된다.

3. 광고에 휩싸여 사는 현대인 – 함민복

함민복은 첫 시집 『우울氏의 一日』(1990)에서 현대인의 소외의식을 주로 다루었고, 가난했던 성장기와 학창시절을 형상화하기도 했다. 건전하고 건강한 성 대신 거세공포, 에이즈에 대한 공포 등을 다루어 성에 대한 고정관념을 파괴하려고도 들었다. 이 시집에서 함민복은 광고에 대해 관심이 있음을 다음과 같이 피력한다.

V자 안테나를 머리에 이고 있는
흑백 텔레비전을 철커덕 틀면
돈까스를 먹을까, 아냐. 설렁탕을 먹을까,
아냐. 아냐. 소화가 안 되니 굶지 뭐.
(이때 모델은 회전의자를 휙, 돌려 등을 보인다
그리고 텔레비전 화면에 가득 차는 음식들)
꼴깍.
굶주린 나에겐 좀처럼 소화가 안 되는
88올림픽 공식 소화제 선전을 보고 있노라면
내 속에서 김동인이 꿈틀거린다.

숟가락이 닮았다.

―「흑백 텔레비전을 보는 저녁」부분

컬러 텔레비전 시대에 시적 화자(아마도 시인 자신이)는 흑백 텔레비전을 보고 있다. '88올림픽 공식 소화제'라는 타이틀을 붙인 소화제를 선전하는 텔레비전 광고 화면에는 기름진 음식이 잔뜩 나오는데 화자에게는 그림의 떡일 뿐이다. 아니, 굶주린 화자에게 그 음식들은 먹어본들 소화가 제대로 되지 않을 것들이다. 화자는 김동인의 소설「발가락이 닮았다」를 생각해내고는 "내 속에는 김동인이 꿈틀거린다//숟가락이 닮았다."고 자조적으로 뇌까린다. 텔레비전 화면에 가득한 음식은 화자가 처해 있는 현실과는 아무 관련이 없다. 그것을 화자는 먹을 수도 없고 먹어본들 소화도 안 된다. 광고선전의 세계와 화자의 세계 중 공통분모는 고작해야 숟가락이다. 닮은 것은 숟가락뿐이다.

잘 벗겨지지 않아요
　　――제비(?)표 페인트
알아서 빨아줘요
　　――대우 봉(?) 세탁기
구석구석 빨아줘요
　　――삼성(?) 세탁기

빨아주고 비벼주고 말려주고
　　　　──금성(?) 세탁기
　　우리는 그이가 다 빨아줘요
　　잘 빨아주니 새댁은 좋겠네
　　　　──럭키 슈퍼타이

　　무엇이, 무엇을 의도적으로 빼는 이 광고에
　　우리는 무엇을 꼭 집어넣으라고 욕해야 할지
　　　　　　　　　－「내 귀가 섹스 쪽으로 타락하고 있다」 전문

　절대로 성적인 이미지를 제공하지 않았을 페인트와 세탁기 광고를 줄기차게 듣던 시인은 어느 날부터인가 그것들이 성적 이미지로 다가오는 것을 경험했을 것이다. '내 귀가 섹스 쪽으로 타락하고 있다'는 제목은 분명히 자성의 목소리이지만 시의 제2연은 인간의 성적 호기심을 자극하는 현대의 광고전략에 대한 은근한 비꼼의 뜻이 들어 있다. 목적어를 생략함으로써 성적 이미지로 환기해도 무방한 광고가 우리 주변에 즐비하기 때문에 페인트와 세탁기 광고도 그런 식으로 생각해볼 수 있는 것이다. 광고는 '빨래를'이라는 목적어를 '의도적'으로 뺐을 것이라고 시인은 생각했던 것이고, 우리는 목적어를 꼭 집어넣으라고 욕해야 할지[12] 말아야 할지 판단이 잘 서지 않는다. 시인이 이 시를 쓴 의도는 무엇일까. 아마도 광고가 인간의 성적 호기심을 끊임없이, 끈질기게 일깨우는 데 주목했기 때문일 것이다. 광고는 여성의 육체를 집요하게 노출시킨다. 소비의 가장 아름다운 대상이 에로티시즘이기 때문이다. 미국의 배우 겸 모델인 신디 크로포드가 하는 체조를 보며 이 땅의 여성은 살을 빼야겠다고 생각한다. 한국 여성의 평균 신장과 평균 몸무게는 고려의 대상이 되지 않는다. 육등신이나 칠등신인 한국 여성들로 하여금 타고나기를 팔등신으로 타고난 서구 여성들의 몸매를 동경하게끔 하는 것이 광고다. 여성의 육체에 대해

---

12) '말해야 할지'가 아니라 '욕해야 할지'이다. '집어넣으라고'가 빈곳을 채워 넣으라는 뜻이 아니라 '성기 삽입'을 뜻할 수 있기 때문이다.

열등감을 조장하여 다이어트 열풍을 일으키는 것은 신디가 체조하는 비디오테이프만이 아니다. 아름다워지려고 하는 여성의 욕망을 자극하는 화장품·액세서리·의복·신발·가방 등을 여성용 제품뿐만 아니라 온갖 가전제품·승용차·휴대폰 광고에 동원되는 것이 여성의 육체이다. '늘씬한', '육감적인', '잘빠진' 등 여성의 몸을 가리키는 말 속에는 인간의 성적 호기심이 담겨 있는데, 광고는 그것을 적절히 이용하려고 한다. 시인의 귀가 섹스 쪽으로 타락하고 있는 것이 아니라 광고가 소비자의 귀를 그쪽으로 기울이게끔 유도하는 것이다.

  시인은 두 번째 시집 『자본주의의 약속』(1993)에서 자본주의를 쥐락펴락하는 광고에 대해 본격적으로 탐구한다.

    그는 음식의 영웅
    세계적인 주방장
    기름 닭 타고 한국을 상륙한 맥아더

    열한 가지 특제 양념과
    정성으로 여러분을 요리하겠다고
    티브이 광고까지 하는
    지팡이 들고, 안경 쓰고, 가늘고 검은 넥타이 MAN

    …(중략)…

    그 누구의 전신상도 조선팔도에
    저리 번식력 있게 세워지지는 않았다
    저렇게 높은 빌딩을 횃대로, 밤마다,
    네온사인으로 빛나는, 닭벼슬 쓴,
    저 노인의 교묘한 웃음 띤 얼굴

    쳐라
    치지 못하면 우리가 닭대가리다
                 ―「켄터키후라이드 치킨 할아버지」 앞 2연, 끝 2연

세계적인 패스트푸드점인 켄터키후라이드 치킨 가게 앞에는 창업주 할아버지의 전신상이 서 있다. 미국 켄터키주에 사는 인심 좋게 생긴 그 할아버지가 특별한 양념을 써 만든 닭튀김이 너무너무 맛있어 이웃 마을에 소문이 났고, 이웃 주에, 온 나라에, 온 세계에 소문이 나 지금 지구촌 곳곳에 켄터키후라이드 치킨 체인점이 생겨났으니, 닭튀김 요리의 맛에 관한 한 추종을 불허한다는 자부심이 그 전신상에는 담겨 있다. 그런데 그런 유명한 패스트푸드점은 거의 다 미국에 본사를 둔 다국적기업이고, 고기를 좋아하는 미국인의 입맛을 세계에 강요하고 있고, 미국에서 생산되는 육류를 전 세계인이 소비하게끔 한다. 함 시인이 그런 것까지 고려하여 이 시를 썼을 리는 없을 것이다. 시인은 다만 그 할아버지의 전신상이 여간 얄밉지 않다. 왜냐? 그 할아버지가 인천상륙작전을 감행한 맥아더처럼 한국에 상륙하여 "외가로 유전하던" 조선닭의 맛을 끊어버렸기 때문이다. 그래서 외친다. "저 노인의 교묘한 웃음 띤 얼굴"을 치라고. 시는 아주 재미있게 끝난다. 함민복 시인과는 절대로 KFC에서 만날 약속을 해서는 안 된다.

> BYC로 시작된다는 지구촌의 아침
> 도깨비방망이를 휘두르는 주부들
> 맛배기 문제 네 문제를 풀고
> 자 예술과 동화와 무엇과 장소와
> 화제에 대해 내리쳐라
> 남보다 빨리
> 당신의 지식과
> 당신의 눈치 통박이 즉시 물건화 되는
> 자본주의의 게임
>
> ―「자본주의의 게임」 부분

이 시는 "자본주의의 위대한 아침을 여는 sbs 알뜰살림 장난퀴즈"로 끝난다. 아마도 주부들을 대상으로 한 아침 퀴즈 프로를 SBS에서 했었던가 보다. 주부들이 순수한 실력이 아니라 주로 눈치와 통박 내지는 지식과 상식, 순발력으로 퀴즈 프로에서 이기는 것을 보고 시인은 이것이 곧 자본주의 체제 아래서의 게임의 법칙인 것을 알아차린다. 직접 토로하지는 않았지만 시인으로서는 이런 게임의 법칙이 지배하는 자본주의 사회가 영 한심한 것이다. 그래서 '알뜰살림 장만퀴즈'로 하지 않고 "알뜰살림 장난퀴즈"로 한 것이 아니랴.

> 그녀가 광고하는 비싼 침대에 누워
> 침대 광고하는 그녀를 보고 있는 사람들은
> 또 그녀가 광고하는 차를 타고 다니는 사람들
> 에 비하면 나는 그녀의 아주 작은 사랑밖에
> 받을 수 없다는 생각이 들었지만
> 나는 당당하게 그녀의 사랑을 받고 싶어
> 그녀와 잠시 같은 삶을 살고 싶어
> ―「자본주의의 사랑」 부분

상당수의 광고가 화려하고 귀족 취향이고 고액 상품의 선전장인 것은 인간의 잠재의식 속에 신분상승의 욕구가 있기 때문이다. 저 물건을 사서 내가 쓰면 저 사람처럼 우아하게 보일 수 있을 것이라고 소비자는 생각하지만 그것은 대개의 경우 허상이거나 환상이다. 미인이 화장을 하니까 미남이 꽃을 보고 온 나비처럼 다가서지만 현실이 그렇다면 대혼란이 야기될 것이다.

두 장의 광고지가 시의 전문이 된 작품이 「양 공주」이다. '공주·1'을 소제목으로 취한 시의 전문은 마약에 취한 미군 병사에 의해 참혹하게 살해된 미군 클럽 종업원 윤금이 씨 사건 내용을 담은 전단이다. '공주·2'를 소제목으로 취한 시의 전문은 코카콜라 광고 포스터이다. 두 광고지를 동시에 보여줌으로써 시인이 노린 것은 한두 가지가 아닐 터이다. 윤금이 씨 사건을 상세하게 알리고 있는 전단의 내용이 이미 많은 것을 이야기하고 있다.13) 이 땅에 미군이 주둔한 이래 수많은 여성이 미군의 노리갯감이 되어 온갖 수모를 다 당했고 그들은 '양공주'라고 하여 사회의 질시까지 받아야 했다. 미군 병사와 결혼하여 미국으로 간 경우도 많았지만 행복한 커플이 된 건수보다는 불행을 자초한 케이스가 훨씬 많은 것으로 알고 있다. 일반 부녀자까지도 종종 미군범죄에 희생이 되었지만 한국이 재판권을 행사한 경우는 거의 없었다. 여기에 대해 시인은 우리 모두의 분노를 일깨우고 있다. 코카콜라 광고 포스터인 '공주·2'에는 두 명의 젊은 여성이 코카콜라를 앞에 두고 활짝 웃고 있다. 두 여성 위로는 "난 느껴요, 코카·콜라."와 "그 언제나 상쾌한 맛!"이란 카피가 적혀 있다. '양공주'라는 말은 비하의 뜻이 포함되어 있지만 '공주'라는 말에는 귀하게 큰 양가집 규수라는 뜻이 들어 있다. 그래서 시의 제목이 「양 공주」가 되었다. 같은 하늘 아래 어떤 공주는 우산대가 27cm나 박힌 참혹한 시신으로 발견되고 어떤 공주는 코카콜라를 마시며 너무나 밝게 웃고 있다. 게다가 코카콜라는 미국산 음료의 대명사이다. 시인은 독자의 반미감정을 유도하고 있는 듯하지만 그보다는 우리 자신의 성찰을 꾀하고자 이 시를 '만든' 것 같다. 광고를 역이용하고 광고를 비트는 수법이 집중적으로 시도된 예로 들 수 있는 것이 「광고의 나라」이다.

  광고의 나라에 살고 싶다
  사랑하는 여자와 더불어

---

13) 아래는 전단의 일부.
  발견 당시 죽은 윤금이 씨의 자궁에는 콜라병이 박혀 있었고,
  우산대가 항문에서 직장까지 27㎝까지 꽂혀 있었으며,
  온몸에는 피멍과 타박상을 입은 차마 눈뜨고는 볼 수 없는
  참혹한 모습이었습니다.
  …(중략)…
  주한미군범죄 발생건수 — 년평균 1,720건, 하루 평균 5건
  이중 한국정부가 재판권을 행사한 것은 — 평균 6건(0.4%)에 불과(81-87년 기준)
  범죄유형 — 강간, 살인, 마약밀수, 사기, 폭행 등 다양
  특히 강도강간이 많으며, 강간의 경우 가장 간악한 형태인 집단윤간이 대부분.
  …(하략)…

아름답고 좋은 것만 가득 찬
저기, 자본의 에덴동산, 자본의 무릉도원,
자본의 서방정토, 자본의 개벽세상──
─「광고의 나라」 부분

이렇게 시작되는 「광고의 나라」의 제2연에 들어가면 현대인이 얼마나 많은 광고를 보고 듣고 느끼며 살아가고 있는지를 한눈에 알 수 있다. 광고에 관한 재미있는 통계가 있다. 미국인 4~5명 가족이 하루에 접하게 되는 광고 메시지의 수는 1000개 안팎이라고 한다. 이 가운데 각자의 뇌리에 남는 것은 8개 정도이고, 그 가족의 구매 충동에 이르는 것은 고작 1개라고 한다. 1000개 광고 중에 물건을 구입케 하는 것은 1개이니 우리는 매일 얼마나 많은 광고를 보고 듣고 느끼고 있는 것인가. 불필요한, 아니, 필요악인.

　　인간을 먼저 생각하는 휴먼테크의 아침 역사를 듣는다, 르네상스 리모콘을 누르고 한쪽으로 쏠리지 않는 휴먼퍼니처 라자 침대에서 일어나 우라늄으로 안전 에너지를 공급하는 에너토피아의 전등을 켜고 21세기 인간과 기술의 만남 테크노피아의 냉장고를 열어 장수의 나라 유산균 불가리~스를 마신다 …(중략)… 재미로 먹는 과자 비틀즈와 고래밥 겉은 부드럽고 속은 질긴 크리넥스 티슈가 놓여 있는, 승객의 안전을 먼저 생각하는 제3세대 승용차 엑셀을 타고 보람차고 알찬 주말을 함께하자는 방송을 들으며 출근한다.

아침에 침상에서 눈을 떠 출근하기까지 우리가 이렇게 많은 광고에 노출되어 있지는 않을 것이다. 시인은 조금은 과장되게, 광고에 둘러싸여 살아가는 현대인의 일상을 이런 식으로 재미있게 그려 보이고 있다. 시는 제3연에 이르러 광고의 나라로 진입한다.

제1의 더톰보이가 거리를 질주하오
천만번을 변해도 나는 나

제2의 아모레 마몽드가 거리를 질주하오
나의 삶은 나의 것
제3의 비제바노가 거리를 질주하오
그 소리가 내 마음을 두드린다
제4의 비비안 팜팜브라가 거리를 질주하오
매력적인 바스트, 살아나는 실루엣
제5의 캐리어쉬크 우바가 거리를 질주하오
오늘 봄바람의 이미지를 입는다
…(중략)…
제13의 피어리스 오베론이 거리를 질주하오
살아 있는 것은 아름답다

이상의 연작시 중 「오감도 제1호」의 외양을 흉내내면서 전개되는 이 부분은 고딕체가 주목을 요한다. 모두 그 광고의 대표적인 카피이다. 언뜻 보면 시 같다. 그만큼 창의적인 문안이요 풍부한 내포를 지니고 있다. 하지만 그럴듯한 이 문안들을 유심히 생각하면 허망하기만 하다. 궁극적으로 상품을 하나라도 더 팔려는 속셈이 들어 있기 때문이다.

1886년 이래 우리나라의 광고는 성장만을 계속해왔다. 그런데 광고란 것이 제품을 소개하고 판매고를 올리는 데만 기여해온 것이라면 문제될 것이 없다. 광고 중 상당수가 허위광고 내지는 과장광고였고, 120년이 채 안 되는 기간이었지만 광고는 예언자나 신이기에 이 땅의 모든 것을, 모든 인간을 변화시켰다. 일단 우리의 언어생활을 변화시켰다. '순간의 선택이 10년을 좌우한다.' '우리 것이 좋은 것이여.' '엄마! 나 물고기 맞아?' '아버지, 난 누구예요?', '못생겨도 맛은 좋아', '음— 그래, 이 맛이야.' '남자는 여자 하기 나름이에요.', '사람들이 좋다 OB가 좋다', '내가 물로 보이니?', '선영아 사랑해!'……. 광고 카피가 유행을 하면 일상적인 대화가 단문 위주로 흐르게 된다. 아이들은 광고 유행어를 상용하게 되고, 오문과 악문을 거부감 없이 사용하게 된다. '깨끗한'이라는 형용사를 우리는 맛을 나타내는 데 쓴 적이 없는데, "마일드 세븐, 깨끗한 맛!"이란 광고를 듣고 '음, 그런 뜻으로도 쓰네' 하고 생각한다. '명품'이란 어휘는 뛰어난 물건이나 작품을 가리킨다. 그런데 "보험에도 명품이 있습니다. 삼성화재의 천만인 운전자 보험"이란 광고 카피를 듣고 우리는 잘못 쓰고 있다고 생각하지 않는다. 시는 이런 식으로 끝난다.

> …(상략)… 미련하게 생긴 사람들이 광고하는 소화제 베아제 광고가 나오는 대우 프로비전 티브이를 끄고 백년도 못 살면서 천년의 고민을 하는 중생들이 우습다는 소설 김삿갓 고려원을 읽다가 많은 분들께 공급하지 못해 죄송하다는 썸씽스페샬을 한잔하고 그의 자신감은 어디서 오는가 패션의 시작 빅맨을 벗고 코스모스표 특수형 콘돔을 끼고 잠자리에 든다
>
> 아아 광고의 나라에 살고 싶다
> 사랑하는 여자와 더불어
> 행복과 희망만 가득 찬
> 절망이 꽃피는, 광고의 나라

이 시에는 광고를 무비판적으로 수용하여 비판력을 상실한 현대인이 재미있게 풍자되어 있다. 성욕·식욕·명예욕·물욕 등 인간의 원초적 욕망을 광고를 통해 투사한 것도 이 시인의 뛰어난 능력이다. 그런데 시를 거듭해서 읽어보면 시인의 광고에 대한 인식이 반드시 나쁘다고만 할 수가 없다. 시인은 일단 광고를 철저히 이용하고 있다. 뿐만 아니라 현대인은 궁극적으로 광고에 완전히 빠져서 살기 때문에 제대로 비판할 수 없다는 인식을 밑바탕에 깔고 있다. 부어스틴이 "광고의 기술은 진실도 거짓도 아닌 설득력 있는 문안을 만드는 것"[14]이라고 한 이유는 광고의 순기능에 많은 점수를 주었기 때문일 것이다. 광고의 순기능이란 자사의 제품을 팔기 위한 정보 전달이라는 측면이다. 하지만 광고는 상품의 장점 소개에 그치지 않고 소비자를 현혹하는 허위광고로, 기만하는 과장광고

---

14) 장 보드리야르, 앞의 책, 187쪽.

로 나아가기가 십상이다. 이런 데 대한 비판의식이 시집 『자본주의의 약속』에 안 보이는 것이 아쉽다. 광고를 비웃는 듯하지만 실상은 광고의 마력에 걸려든 것은 아닐까? 그 많은 광고의 카피와 주된 내용을 연결하여 시를 쓰기란, 광고에 대한 집요한 관심이 없이는 불가능한 일이다.

4. 여타 시인들의 광고 이용

80년대를 대표하는 시인 가운데 한 사람인 장정일은 자본주의 사회의 허상에 지나지 않는 텔레비전 샴푸 광고 모델에 반해 혼을 팔고 살아가는 한 사내의 이야기를 들려준다. 고독한 현대인을 대표하는 사내에게 광고 속의 그녀는 위안의 대상이었다가 점차 쾌락의 대상이 되어간다.

> 그녀는 인사를 잘한다. 안녕하셔요
> 그녀는 미소 띠며 속삭인다.
> 파란 물방울 무늬 잠옷을 입고
> 그녀는 머리를 감아 보인다. 무지개를 실은
> 동글동글한 거품이 티브이 화면을 완전히
> 매운다. 그러면 샴푸의 요정이 속삭이는 거지.
> 새로 나온 샴푸, 당신이 결정한 샴푸라고
> 향기가 좋은 샴푸, 세계인이 함께 쓰는 샴푸
> 아마 당신은 사랑에 빠질 거예요
> 라고 속삭이는 것이지.
> ―「샴푸의 요정」 부분

광고 속의 모델은 광고회사에서 만든 허상임에도 불구하고 사내는 그 광고 모델에 완전히 넋을 판다. 저녁마다 단 15초 동안 만나는 광고 모델에 매혹되어 그녀의 수영복 사진과 승마복 사진을 모으다가 결국 환각의 상태에서 그녀를 만나기도 한다.

옷을 벗는 요정. 담뱃불 자국이 송송한 자리에
비스듬히 눕는 요정. 신비스레 신비스레
가라앉는 요정. 뜨거운 입술로
이리 오세요 예쁜 아기, 속살거리는 요정
환영이 들끓는 밤 열두 시, 이윽고 샴푸의 요정은
그의 머리를 끌어당겨
냄새를 맡아본다. 제가 권한 것을 쓰셨겠지요.

모델은 요정 정도가 아니라 이 사내에게는 여신 같은 존재다. 사내는 광고의 세계와 현실의 세계를 혼동하는 데까지 이르는데, 다소 과장되게 그려내기는 했지만 장정일은 지금-우리 사회를 쥐고 흔드는 광고의 위력을 이와 같이 실감 있게 보여주었다. 오정국은 웬 여인의 자태를 다음과 같이 세밀하게 묘사하였다.

검은 팬티스타킹을 입고 등을 돌린 여자의 가랑이 사이로
서울의 야경이 펼쳐진다. 검은 하이힐을 신고
언덕에 선 여자의 가랑이 사이로
서울의 빌딩들이 솟아오른다.
남산 타워인가,
송신탑의 피뢰침이 보이지 않는다.
송신탑의 피뢰침은 검고 짧은 가죽치마 속으로 사라지고
빌딩의 불빛들은
여자의 다리를 부드럽게 감싼다.
―「람바다의 밤」 부분

22행이 지속되는 제1연은 "여자의 가랑이 사이로/서울의 밤은 깊어간다"고 끝난다. 여기까지 읽어도 독자는 시인의 의도를 알아차릴 수 없다. 제2연이자 마지막 연을 읽어야 알 수 있다.

컬러 광고지의 밤, 선데이서울의 밤, 가면무도회의 밤, 람바다의 밤.

시인은 컬러 광고지를 한 장 주웠던가 보다. 아마도 어느 캬바레에서 광고지를 만들어 뿌렸는데 "여자의 가랑이 사이로/서울의 야경이 펼쳐진" 사진을 이용했던 모양이다. 그 광고지가 보여주는 세계는 멋진 세계, 환락의 세계, 익명으로 즐기는 가면무도회의 세계다. 광고지에 담겨 있는 그 세계에 빠져 허우적대는 현대인은 실상을 놓치고 가상의 세계를 즐긴다. 아마도 시인은 동급의 세계인 컬러 광고지와 선데이서울과 가면무도회와 람바다의 밤이 얼마나 허망한 세계인가를 말하고 싶었을 것이다.

1983년 6월 30일부터 KBS에서는 '이산가족 찾기 TV 생방송'을 실시하였다. 여의도 KBS 사옥 일대에는 엄청난 수의 벽보가 붙어 거대한 물결을 이루었는데 황지우는 그 벽보를 수집하여 시를 쓴 적이 있다(「벽·3」). 신문의 심인 광고와 예비군 훈련일자 벽보를 가져와서 시의 전문이 되게 한 황지우의 일련의 콜라주 기법은 상업광고를 이용한 것이 아니어서 이 글의 주제와는 동떨어진 느낌이 들지만 훌륭한 광고 응용 시임에는 틀림없다. 광고의 힘이 얼마나 대단한가를 알려준 시인은 유하다. 인기 연예인의 광고모델료는 천문학적인 숫자이며, 광고로 유명해져도 금방 인기 스타의 반열에 오를 수 있다. 광고는 유행을 낳고 말을 만들고 스타를 만든다. 그 모든 것을 가능하게 하는 것이 자본의 힘이다.

> 톡 쏘는 맛처럼 떠오르는 것이 있다 코카콜라 씨에프에서
> 팔꿈치로 남자를 때리며 앙증맞게 웃는 여자, 그 몇 프레임 안 되는 장면 하나가 방영되자마자 연예가 일번지 압구정동 일대가
> 술렁였댄다 그것 땜에 애인 있는 남자들의 옆구리가 순식간에 멍들었다는데……
> 왜 그 씨에프가 히트했는가에 대한 항간의 썰들은 분분하다
> 가학으로 상징되는 남자와 피학으로 상징되는 여자의 쏘샬 포지션을 자극적으로 뒤튼 것이 주효했다는 친구도 있고
> ―「콜라 속의 연꽃, 심혜진論」부분

유하는 영화배우 심혜진 혹은 탤런트 심혜진을 논하고 있지 않다. CF

모델 심혜진의 매력을 논하고 있다. "단 십 초의 미소로 바보상자의 관객들과 쇼부를 끝낸 여자"가 바로 심혜진이다. 아무도 그녀의 미소를 무시할 수 없다. 세상의 소비자들은(화자까지 포함해서) "그녀만 보면 파블로프의 개처럼 코카콜라를" 마시고 싶어진다. 발랄하고 상냥하고 적극적인 여성의 대명사였던 최진실이 CF에서 귀엽게 웃으며 "남편 사랑은 가끔 확인해봐야 해요", "피, 안 이쁜 신부도 있나 뭐" 하는데 어느 누가 그녀의 매력을 외면하랴. 시인조차도 최진실의 '미학'을 다음과 같이 논한다.

> 할리우드 미학, 브룩 실즈 미학으로부터 벗어나 한국의 수제비 미학을 독자적으로 완성시킨 이 시대의 自然스런 얼굴, 노자적 얼굴 최진실이 톡 쏘는 앙증맞음으로 그 진실을 이미 지적한 바 있지 않은가
>
> ──피, 안 이쁜 신부도 있나 뭐
> ─「수제비의 미학, 최진실論」 부분

이런 시에 광고에 대한 비판적인 의식은 보이지 않는다. 이미 광고가 우리 생활의 일부가 되어 있고 광고 스타의 영향력을 알고 있기에 유하는 CF 스타의 매력을 이런 식으로 논해본 것이리라.

아마도 보다 폭넓게 조사를 해본다면 광고는 한국 현대시에 제법 깊게 삼투되어 있을 것이다. 광고는 번개처럼 오고 폭우처럼 오고 홍수처럼 온다. 분명한 것은 광고가 자본주의의 꽃이 아니라 만추의 거리에 휩쓸려 다니는 낙엽이며, 상품에 대한 정보가 넘쳐 그 상품을 덮고 있는 거품이라는 것이다. 광고는 우리 사회가 물신(物神)이 지배하는 사회로 이행되게끔 이끄는 메피스토펠레스가 아닐까.

광고는 우리의 사고방식을 변환시킬 수 있다. 편리한 세상, 즐거운 세상이 우리가 나아가야 할 사회라고 계속 강조하는 광고는 대중(민중)의 행복보다는 가진 자들의 천국을 지향한다. 지금 세계 광고비는 연간 1조 달러가 넘는다고 하는데 그 수치는 감이 잡히지 않는다. 광고는 생활 패

턴을 바꿀 수도 있다. 즉, 광고는 소비의 쾌락을 끊임없이 강조하여 과소비를 조장한다. 또한 소품종 대량생산에서 다품종 소량생산으로, 즉 상품의 고급화 시대로 바꾸고자 애를 쓴다. 의도야 그렇지 않을 테지만 소비란 쓰레기를 남기게 마련이다. 다시 말해 자연과 인간이 함께 망하는 세계로 가게끔 유도하는 것이 바로 광고다. 광고에 대해 비판적인 시각과 날카로운 성찰이 요구된다. 21세기는 분명히 광고의 세기가 될 터이니 말이다.

■ 이승하

필자약력 ● ● ●

김태준
중앙대 문예창작학과 졸업
한양대 대학원 졸업(문학박사)
1972년 『월간문학』 신인상으로 등단
녹원문학상, 윤동주문학상, 한국시인협회상 수상
시집 『몸 바뀐 사람들』 『바람이 불어가는 쪽』 『마음의 집 한 채』
시론집 『이용악 시 연구』 『한국현대시 감상』(공저)
현재 중앙대 문예창작학과 교수

김병호
중앙대 문예창작학과 졸업
중앙대 대학원 졸업(문학박사)
1997년 『월간문학』 신인상, 2003년 『문화일보』 신춘문예로 등단
2001년 문화예술진흥원의 신진작가 지원사업 수혜
시론집 『주제로 읽는 우리 근대시』 『전후세계의 시적 대응력』
현재 계간 『문학수첩』 편집장

박영우
중앙대 문예창작학과 졸업
중앙대 대학원 졸업(문학박사)
1982년 『경향신문』 신춘문예로 등단
시집 『흐린 날에 우리는』 『나는 눕고 싶다』 『사랑은 없다』
현재 경기대 문예창작학과 교수

홍우계
중앙대 문예창작학과 졸업
중앙대 대학원 졸업(문학박사)
1984년 『현대문학』으로 등단
시집 『옥가락지』 『마당에 뒹구는 반달』 『바보 꿀벌』
현재 안양예고 교사

김종철
중앙대 문예창작학과 졸업
1968년 『한국일보』, 1970년 『서울신문』 신춘문예로 등단
윤동주문학상, 편운문학상, 정지용문학상 수상
시집 『서울의 유서』 『오이도』 『못에 관한 명상』 『등신불 시편』 등
현재 (주)문학수첩 공동대표, 경희대 일반대학원 겸임교수

권오운
서라벌예술대 문예창작학과 졸업
1966년 『조선일보』 신춘문예로 등단
시집 『원님 전상서』, 저서 『우리말 지르잡기』 등
현재 중앙대 문예창작학과 겸임교수

오준
중앙대 문예창작학과 졸업
중앙대 대학원 박사과정 수료
1993년 시집 『섬 끝에서』 발간으로 등단
시집 『이별이 두렵지 않은 사랑』
현재 서일대 문예창작학과 겸임교수

이재훈
건양대 국어국문학과 졸업
중앙대 대학원 박사과정 수료
1998년 『현대시』 신인상으로 등단
현재 『현대시』 편집장, 중앙대·건양대 강사

송승환
원광대 국어국문학과 졸업
중앙대 대학원 박사과정 수료
2003년 『문학동네』 신인상(시)으로 등단
2005년 『현대문학』 평론 당선으로 등단
현재 중앙대 강사

박철화
서울대 불어불문학과 졸업
파리8대학에서 불문학 및 비교문학 박사과정 수료
1989년 『현대문학』에 평론을 발표하며 글쓰기 시작
평론집 『감각의 실존』 『관계의 언어』 『우리 문학에 대한 질문』 『문학적 지성』
장편소설 『나는 천년을 산 것보다 더 많은 추억을 가지고 있다』
현재 중앙대 문예창작학과 교수

이수명
서울대 국어국문학과 졸업
중앙대 대학원 박사과정 수료
1994년 『작가세계』 신인상으로 등단
박인환문학상 수상
시집 『새로운 오독이 거리를 메웠다』 『왜가리는 왜가리 놀이를 한다』
　　　『붉은 담장의 커브』 『고양이 비디오를 보는 고양이』
현재 중앙대 문예창작학과 강사

이승하
중앙대 문예창작학과 졸업
중앙대 대학원 졸업(문학박사)
1984년 『중앙일보』 신춘문예로 등단
대한민국문학상 신인상, 지훈상 수상
시집 『폭력과 광기의 나날』 『생명에서 물건으로』 『뼈아픈 별을 찾아서』 『인간의 마을에 밤이 온다』 등
시론집 『한국 현대시에 나타난 10대 명제』 『백년 후에 읽고 싶은 백 편의 시』 『이승하 교수의 시 쓰기 교실』 등
현재 중앙대 문예창작학과 교수